東京貧困女子。

中村淳彦

Atsuhiko Nakamura

彼女たちはなぜ躓いたのか

東洋経済新報社

まえがき――いったい女性たちになにが起こっているのか

あれは2012年だったか。『日本の風俗嬢』（新潮新書）という拙著を執筆中、担当編集者と日常会話として日々のことを話した。AV女優や風俗嬢の取材、それと介護現場のことだった。そこで、担当編集者から言われた。

「中村さんは貧困問題をずっとやっているわけですね」

そのときの会話で初めて、自分事として「貧困問題」という言葉を聞いた。
当時、取材対象者の状況や言葉、日常に接する人たちの変化や異変に疑問を抱くことはあったが、それが貧困問題とは思っていなかった。

カラダを換金するのは、主に東京を筆頭とした大都市圏で暮らす貧困女性たちだ。現在は少子高齢化なので、女性の風俗勤めや売春には年齢的な上限はない。

リスクを背負って裸になることを決めた女性たちは、基本的に収入は高く、借金などの経済的な問題は解決するという大前提があった。

しかし、あまりにも楽に稼げてしまうので、経済感覚のバランスを崩し、ブランド物やホストなどに豪快に消費したり、悪い男が近づいてきたりして、また別の問題を背負うことになる。

彼女たちの物語は平穏で幸せとは言い難かったが、貧困という社会問題より、痛快なピカレスクロマンだったのだ。

裸の世界はそれぞれの事情を抱えた女性たちが「最終的に堕ちる場所」という社会的な評価で、特殊な産業だ。しかし、覚悟を決めて堕ちてしまえば、貧困回避どころか中間層を超えて富裕側にまわれるという世界だったのだ。


私の履歴を簡単に言うと、1990年代半ばにフリーライターになり、以来、20年以上、AV女優や風俗の取材をしてきた。

大学時代、当時は圧倒的な人気職だったマガジンライターに憧れた。男性アダルト誌にかかわることになったのは、ファッション誌や趣味の雑誌、週刊誌などと比べて、著しく敷居が低かったからだ。

アンダーグラウンドな職業は、基本的に求人誌には載っていない。もう20年以上前になる大学3年のとき、同級生たちとある居酒屋にいた。詳しい描写はさけるが、突然ものすごく怪しい風体の人物が我々がいる席に近づいてきて、声をかけられた。

「君たち、アルバイトしないか？　一応、マスコミ業界の仕事だぞ」

私だけが挙手した。

数日後、朝10時に中野駅南口に呼びだされた。その怪しい風体の人物は、アダルトビデオ関係者で雑誌編集のプロダクションを起業したばかりの経営者だった。駅から徒歩数分の社長の自宅マンションが本社であり、家賃はそれなりに高いだろう一般住宅だったが、玄関を開ければ信じられないようなゴミ屋敷だった。

扉を開けた瞬間、リビングまでの廊下に高さ1メートル以上はあるゴミの山がいくつもあり、ゴミを登りながら一番奥のリビングに向かう。異臭もする。社長は慣れた足取りでゴミを登った。15畳はあるだろうリビングの片隅にかろうじて人が座れる程度のわずかなゴミのない平地があり、そこが仕事場とのことだった。

マスコミの仕事とだけ聞かされていたが、言われたのは男性アダルト誌の文章を埋める、という作業だった。私はほとんど文章を書いた経験がないままライティングをすることになった。社長は「エロ本の文章なんて誰も読まないから日本語で埋まっていればいい、内容はエッチなことだったらなんでもいい」と言う。いわゆる一般企業のＯＪＴのようなことは5秒で終わった。

女性にもアダルト誌にもたいして興味はなかったが、なんの才能もない自分が適当にワープロに打ち込んだ文章を編集者に渡すと2週間くらいで印刷される。それが雑誌となって本屋で販売される。さらに、たまに名前が載ったりして本当に面白かった。私があまりにもやる気があるので、仕事はどんどんと増えた。

男性アダルト誌の新人ライターや編集者がまず通る道は、風俗情報誌や男性アダルト誌の風俗情報欄に掲載するための風俗店まわりだ。風営法改正前の1990年代の東京はまさしく風俗店まみれで、特に山手線の駅徒歩1分圏内のビルはどこも風俗独特の消毒液の匂いがするような状態だった。

仕事は店に電話をしてアポをとって、風俗嬢の写真を撮り、10分間くらいの簡単な取材して帰ってくる。1日、何軒もまわる。風俗嬢たちに聞くのは「性感帯はどこか?」とか「好きな男性のタイプは?」とか、どうでもいいことだ。男性客に必要以上に触られたくない彼女たちは「性感帯は背中と腕かな」なんて答えたりする。

大学4年のときには、もう授業にはほとんど出なくなり、当然就職活動もしないまま卒業し、そのままフリーライターになった。当時はたくさんの雑誌があったので、あっという間に仕事は舞い込んだ。風俗嬢の名鑑、アダルトビデオや裏ビデオの評論、でっち上げのセックス告白、風俗店や怪しいスポットへの潜入取材、アダルトビデオの撮影現場取材と、仕事はひたすらやったが、当時かかわっていた雑誌はほぼすべて廃刊した。多くは出版社も潰れている。

男性アダルト誌は見事に消滅して、仕事のほとんどはなくなったが、唯一その後も続けたのが、ビジネス誌やウェブ媒体に掲載する、AV女優、風俗嬢のロングインタビューだった。会って、話を聞いて、原稿にすることをひたすら繰り返している。いままでインタビューした女性の人数は数えたことはないし、いちいち覚えてもいないが、どう考えても1000～1300人以上はやっている。

カラダを売る女性たちのインタビューは、正直簡単な仕事ではない。インタビュー術のスキル以外にも、彼女たちとの距離感、立ち位置、自分自身が彼女たちを介して伝えたいことは、なかなか定まらない。最初のころは、日々試行錯誤していた。

〝彼女たちは性の玩具ではなく、人間だ〟――私はしばらく若気の至りともいえる一方的な人権意識みたいな感覚があった。個人的な価値観で同情していた記憶がある。

AV女優も風俗嬢も女性そのものが商品となってセックス映像や性的サービスを提供するビジネスであり、市場原理や商品として男性にとって都合がいい存在であることが正義で、自分自身を大切にして都合がいい存在であることを否定するのは悪になる。

自分自身を大切にする女性は、産業にとっては悪なので、そういう悩みや苦悩に共感して世間に可視化することは悪いことで、ときに攻撃されることもあった。私が勝手に同情していた女優たちが怒りだすこともたびたびだった。

性の玩具ではなく、人間であることを大切にすれば、収入は減って生活ができなくなる。本意でなくても、性の玩具になれば経済力はついて、多くはその状態のほうが精神的にも安定していた。

だが現実は、裸の世界は男性優位な日本の社会がそのまま反映された産業であり、うまくバランスがとれないで苦しんでいる女性は多かった。

ＡＶ業界はネットや繁華街の路上でお金になりそうな女性を発掘し、脱がして稼げる商品か確認、ＡＶ撮影現場で男性が求める猥褻の最大公約数を撮影する。その映像を法律に合わせて修整して全国にバラ撒くというビジネスだ。

徹底した市場原理主義で女性だけにリスクを背負わせて、容赦なく使い捨てるので、彼女たちのその後の人生は順風満帆にはいかずに、暗いその後を送りがちだ。

ＡＶ業界の内部から取材を続けると、正直違法まみれで人権感覚が皆無という実態はあった。しかし、当時は業界関係者だった私にできることは、ギリギリのラインまで書いてその現実の一部を伝えることしかできない。

たとえば、私の立場で違法を糾弾したり、彼らがまったく興味のない女性たちの人権を訴えて、不利益や環境の改善や是正をしようとしたら、殺されることはないだろうが、おそらく大ケガして入院みたいなことになる。本当にそういう世界なのだ。彼らから嫌われる、一部から排除される程度に止めなくてはならない。

結局、私は自分の価値観を持ち込まない、徹底して傍観者であるべき、取材以上の人間関係は培わない、そしてケガしないギリギリのラインまで書いて伝える、という答えを出した。支援者ではなく、彼女たちが直面している現実を可視化するための取材者だ。その意識は現在も徹底している。

それから取材現場では情報をつかむために必要な最低限の質問以外、ほとんど自分からはしゃべらない。ただただ聞くだけに徹している。どんな話が返ってきても否定はしない。女性たちは、なぜか否定をしない相手にはしゃべる。

2000年以降、日本経済は下降線をたどって、さまざまな公的事業が社会化して福祉やNPOが注目されるようになった。現在、誰かの役に立ちたい支援者や支援したい人々があふれている。

インタビューと同じく、裸の女性たちへの支援も難しい。支援者は苦しんでいる彼女たちに寄り添うが、多くの場面で支援者と彼女たちは階層が違う。助けてあげたいという気持ちから、上からの立場でカラダを売ることを否定しながら手を差し伸べたりする。

もはや階層の違いは育ちや文化が異なるので、共通認識が少なくお互いを理解できない。支援も一方通行になりがちだ。

私はすべてを理解はできないが、階層は彼女たちと似たようなものだ。私の取材は、外の世界からやってくる支援者のアセスメントや調査、のぞき見的なフィールドワークとまったく違うことは、ここで書いておきたい。

彼女たちからは、ノンストップで親からの虐待、精神疾患、借金、自傷、人身売買など、さまざまな過酷な話が出てくる。そんな話に20年近くにわたって、ひたすら耳を傾けてきた。

編集者に指摘されるまでまったく自覚はなかったが、ずっとやってきた裸の女性たちの取材は、結果として〝貧困〟という社会問題のフィールドワークでもあった、ということなのだ。

＊＊＊

裸の女性たちの取材は、ずっと東京を舞台に行ってきた。

貧困問題のフィールドワークという自覚はないながら、「もしかして日本はおかしくなっているのではないか？」と、うっすらと違和感を抱くようになったのは２００６～07年あたりからだ。

裸どころかセックス映像を世間に晒して売る、というリスクの高いAV女優に「出演料が安すぎて、とても普通の生活ができない」という層が現れた。

競争が起こるようになって出演料と撮影の数が減り、東京の高額な家賃に圧迫されて生活が苦しいという状態からはじまって、現在は自分の生活が支えられるのは上位の一部というところまで追い込まれている。

2000年代半ばから援助交際や売春の代金も本格的な下降の一途となった。カラダを売りたい女性が急増したために、価格が急降下したのである。

人々が貧しくなる、お金がなくなることは恐ろしく、誰かを陥れるいがみ合いや犯罪が当たり前のように起こる。急激に景気が悪くなった裸の世界では、関係者が関係者を恐喝するみたいな事件が頻発して、私はウンザリして圧倒的な需要があると注目されていた介護事業所をはじめた。

介護という社会福祉事業に逃げれば、醜い諍いから逃れられると思っていたが、介護の世界はそれまで見たこともないような困窮した人々の巣窟だった。

介護福祉士という国家資格を持つ専門家が、行政の監視の下で手取り14万～16万円程度の低賃金で労働をさせられて、「ご利用者様のありがとうが報酬です。高齢者様に感謝しましょうね。みんな、本当に素晴らしい仕事に就けてよかったですね」などといった信じられないロジックが正論として定着していた。

どうして国家資格を持つ専門家が公的に定められたサービスを提供することで、相手に感謝しなければならないのか理解できなかったが、しばらくして業務を官から民に移管することで起こる格差や賃金の下落を、言葉で洗脳してごまかすためだとわかった。

ちなみに現場介護職の実質的な平均賃金は300万円を切り、地方公務員はその倍以上だ。公務を民間に切り離すことで、人件費は半分以上の圧縮となっている。

多くの介護職は専門学校か資格養成所で叩き込まれた〝ありがとうが報酬〟を本当に信じ、自分自身は月一度のサイゼリヤとか1円パチンコが唯一の楽しみという生活をしていた。

結婚や家庭を持つなどは贅沢という意識も浸透していて、口には出さないが自分自身の将来はあきらめ、目の前の高齢者をもっと幸せにしたいという人が多かった。極端な高齢者優遇の状態のなかでブラック労働は蔓延して、必然的に貧困の巣窟が形成されていく。徹底して現役世代を軽視する介護業界の体質に、私は愕然とした。

社会と隔絶されたAVや風俗業界という閉塞したグレーゾーンビジネスに身を置いて取材を繰り返し、そこを抜けてからも目先の介護に忙殺されて「派遣切り」も「年越し派遣村」も、他人事として眺めていた私は、ようやく「(本当に)日本がおかしくなっている」ことに気づいた。

虐待、精神疾患、借金、自傷、人身売買など、過酷な物語は日常的にAV女優たちから聞いた。そして、介護現場はありがとう、感謝と言いながらパワハラやセクハラ、虐待、ブラック労働があふれていた。湧きあがるさまざまな違和感の点と点を線で結んだのは、小泉純一郎政権から本格的にはじまった新自由主義という路線だろう。

これまで市場化されなかった分野が規制緩和や法改正によって市場化され、競争が促された。それまで公務員が担っていた介護は真っ先にターゲットにされた分野で、介護現場を支える職員たちに貧しさを感じさせないさまざまな洗脳や演出がされていた。私がかかわったころには、どんなに現実は暗くても常に前を向き、低賃金で限界まで働く、まさに奴隷が大量生産されていた。

雇用の調整弁となって企業に都合がいい非正規雇用はあっという間に広がり、自治体まで
が積極採用して、現在は女性の雇用者の4割までになってしまった。

経営者や企業の正社員など、富む者は富みやすく、非正規は普通に働いても普通の生活ができない、という貧富の差や格差が生まれた。

日本は貧困当事者に対して自己責任を強いる意識が強い。

本当にそうなのだろうか。

いったい女性たちになにが起こっているのか。

＊＊＊

女性の貧困問題を自分事として考えるようになったとき、昔からの知り合いである女性から電話がきた。その後、私の取材に同行することになる女性編集者だ。

「あー、久しぶりというか、高校以来だったら25年ぶり？　私ね、明日から転職するの。東洋経済オンラインって知ってるよね？」

彼女は同じ年齢の高校時代からの知り合いで、確か東京の名門中高一貫女子校から慶應義塾大学に進学して、いまは大手芸能事務所で働いているはずだ。

「連載やろうよ。女性の貧困、いま問題になってるじゃん」

雑誌は続々廃刊、出版社が廃業するなかで、メディア業界での40歳を超えての転職は即戦力にならないとまずいようだ。彼女は編集長に提案する企画を考えていて、貧困女性の現実を追う企画を思いついたので私の携帯番号を調べて電話したという。

「富裕層まみれのお嬢様高校から慶應義塾に進学して、華やかな芸能の世界にいるような上流階級が悲惨な貧困の世界に首を突っ込むのは無理だ」

私は、階層の違いは取材現場でも会話がズレたり、言っていることが理解できないので難しい、ということを伝えた。

「はぁ、なに言っているの？　私なんてもう底辺中の底辺だよ。どうしようもないくらい。慶應も中退で、結局この年齢まで一度も正社員になったことないし、旦那からはバカだのクズだの毎日罵られるし、低所得すぎて貯金ゼロだし、もう本当に終わっているんだから。上流とか、ふざけたこと言わないで」

彼女は本当にあっという間に企画を通して、東洋経済オンライン「貧困に喘ぐ女性の現実」の連載が、2016年4月からはじまった。本書のもととなっている連載だ。

最初は私の周辺で貧困女性を探して、それから東京暮らしの女性を中心に、彼女と2人で貧困取材を繰り返した。彼女は、貧困女性に恐ろしいほど完璧に溶け込み、相手に階層の違いを疑われることなく、さまざまな場面で苦境を理解して共感した。どんな話が出てきても、否定をした場面はほとんど見たことがない。彼女は言っているだけでなく、本当にアンダークラスを生きてきたのだ。私は感心した。

この連載では、女性、特に単身女性とシングルマザーの貧困問題を考えるため、「総論」ではなく「個人の物語」に焦点を当てて紹介している。貧困に苦しむ読者からの取材申し込みを随時受け付けており、その中から取材先を選定している。

貧困は生まれや育ち、家庭環境、健康状態、雇用、政策や制度、個人や配偶者の性格、人格などなど、さまざまな要因が重なって起こる。現実は十人十色、それぞれである。問題解決の糸口を見つけるには、個々の生活をつぶさに見ることで真実を浮かび上がらせるしかない。私は一人でも多くの貧困の物語が必要だと、取材をはじめた。

本書は、その3年間の記録である。

東京貧困女子。——目　次

第1章　人生にピリオドを打ちたい　22

第2章　母には一生会いたくない　74

第4章 あと1年半しか仕事ができない

第6章 子どもの未来が消えていく

＊本書に登場する女性の名前はすべて仮名で、年齢は東洋経済オンライン取材時のものです。
官公庁などの発表データは、本書執筆時に入手可能な最新のものを掲載しています。

大学生たちは、本当にお金がない。

キャンパスは貧困の巣窟である。

そして、必要な金額を稼ぐために働く時間もない。

大学生たちの貧しさ、貧困は、親の世帯収入が下落して、受益者負担として学費が高騰を続けていることが背景にある。

さらに現在の大学にかつての出欠が自由だった姿はなく、授業は忙しい。

働こうと意気込んでも、アルバイト情報サイトに掲載されている求人は最低賃金に張りついたものばかりだ。学生生活に必要な金額を稼ぐことはできないのだ。

すでに日本学生支援機構の奨学金受給者は、全学生の過半数を超えている。

大学生たちの過半数は、自己破産相当の負債を背負って社会に羽ばたくことになる。

現在の大学生たちは、キャンパスが楽しく華やかだった30年前とはまったく違う世界を生きているのだ。

貧しいことで、いいことはなにもない。

大学生たちが、未来が閉ざされる選択となる中退となったり、犯罪である食い逃げみたいなことをするわけにはいかない。生きるため、学生生活の維持のために、時間単価が高く、稼げる仕事や手段に流れていくのは必然といえる。

私は「現役女子大生たちが続々とパパ活に流れている」という話を聞き、パパ活の舞台になっている、ある掲示板にアクセスしてみた。

パパ活とは女性たちが夢や願望、自己実現、生活のため就活や婚活をするように、パパなるパトロンを見つける行動だ。

昭和の時代から配偶者以外の特定の異性と肉体関係を結び報酬を得る「愛人」「援助交際」はあるが、「愛人」や肉体関係を前提とした「援助交際」と現代の「パパ」は似て非なる。現代のパパ活は、本当に驚くほど普通の大学生や専門学生、正規非正規で働く普通の女性たちが手を出している。さらに2018年になってからは若い男性がパトロンになってくれる年上女性を探すママ活も活発になっている。

その背景には男女間の収入格差、世代間の収入格差、若い世代の低賃金労働がある。非正規雇用が40%を超え、自立する多くの未婚女性たちの生活は基本的に苦しい。結婚や出産など長期的な展望が見えなくなった女性たちが、年上男性と経済的な援助を前提に交際や恋愛をする。普通に恋愛する人もいれば、売買春に近いような関係もある。ちなみに売春に近い関係となっても、パパ活は自由恋愛なので違法ではない。

〝現役女子大生〟を売りにしているメッセージは、すぐにいくつも見つかった。

21歳の国立大学生です。
授業が忙しくて多く働けず、
親からの支援もないので、
支えてくれる方を探しています。
昔からわりとモテるほうなので、
容姿も性格もそんなに悪くないと思います。
条件書いてメールください。

そのひとつに連絡してみた。

彼女は偽名を使ったり、嘘の学歴を伝えたり、警戒心が強かった。メールを何度もやり取りした。女子高生のようだ、と思った。警戒心が過剰に強いのは大人とのやり取りに慣れていないからであり、精神年齢が幼い証しである。

結局、数日後、この女性、広田優花さん（仮名、21歳）に会うことになった。指定されたのは、新宿アルタ前だった。

現れたのは国立大学医学部の現役女子大生

あのう、19時に待ち合わせしている広田です。

女性編集者としばらく待っていると、申し訳なさそうな小さな声で声をかけられた。信じられないほどの美少女で絶句した。芸能人にたとえれば、有村架純に似ている。女性編集者も「えっ」と声を失い、私に目線を送る。一緒に歩いていると、すれ違う通行人に振り返る人もいるほどで、本当に圧倒的な美少女だった。

人が少ないだろうシティホテルのカフェラウンジに入った。

猜疑心と人見知りからか、広田さんは黙ってうつむいていた。おそらく、なんとなく取材を受けてしまったが、よくよく考えるとリスクがあるのではないか、という心境だろうか。なんとか緊張を解き、話を聞く。

掲示板に書いてあったとおり、本当に国立大学の現役学生で、しかも医学部だった。入試偏差値は70を超える最難関大学である。本人の顔写真入りの学生証も確認した。外見スペックが極めて高いだけでなく、加えて最高偏差値に近い大学の学生だった。そんな女子大生が貧困取材という場に現れたことに驚いた。

掲示板のパパ活は、やっぱり売春ですよね。いま連絡をとる人は2人います。40代の方々で、詳しいことは知らないです。その人たちのことは、別に好きではないし。ただ食事とかエッチして、お金をもらうみたいな。でも、全然慣れない……、特定の人と何回も会うのは怖いし、やっぱり私が会いたいって思わないし。

掲示板を使ってパパ活をはじめたのは、半年前。何度かメッセージのやり取りをして、2人の中年男性と知り合った。広田さんが忙しく、彼らと実際に会うのは月1ペースだ。会うたびに1万円から3万円程度のお金をもらっている。恋愛ではなく、割り切った売春に近い形でパパと交際していた。

彼女は基本的に不穏な状態だったが、その理由は自分の行動に罪悪感と、漠然とした不安があるからだろうか。

相手の男性に身元がバレるのが恐ろしいので、男性とはすべて偽名で接している。大学名やプライベートのことは、すべて嘘をついている。お金のことで悩む、掲示板に書き込む、知らない男性とやり取りする、食事をする、セックスする、嘘をつく、また不安で悩む、パパ活のすべてがストレスとなっているようだった。

お金のためだけにやっていることです。だから、プライベートに入ってこられるのが怖い。結び付きが強くなるのは、ちょっと嫌だなって。だからパパといっても、すごく中途半端な感じ。あと大学1年の夏休みから風俗もやっています……。歌舞伎町のハンドヘルスです。

うつむき、ずっと声が小さい。パパや風俗のことは誰にも一切話していないようで、自分のことを話していいのかという不安が拭えないようだ。ハンドヘルスとは、男性客を手淫で抜くソフトな性風俗である。求人広告では脱がない、触られないなどとサービスのソフトさをアピールして、未経験の素人女性を集めている。

数日前に掲示板を眺めてから、今日までに私と女性編集者で何度も彼女とメールのやり取りをしている。連絡先を教えてくれない、名前がいくつかあるなど、かなり難航した。その行為の一つひとつは風俗で働いたり、売春する自分自身の行動に対して、後ろめたさがあることが理由だった。

彼女は絵に描いたような優等生であり、現在もこれまでも周囲には優等生しかいない。学業以外の知識や情報がないのと、また割り切りや柔軟性がないので、違和感ある行動をしている自分を責めていた。彼女はアンダーグラウンドであるパパ活も性風俗も、まったく向いていない。本来は歌舞伎町など歩くのさえもやめたほうがいい、といった女の子だった。
おそらく不安ながらも取材に出てきたのは、自分自身のことを誰かに話し、しているこ
とが正しいのか正しくないのかを判断したい、誰かに間違っていないと言ってもらいたい、
といった意図があるように思えた。
小さな声の奥から孤独が見えてくる。

最初のパパはハンドヘルスのお客さんです。大学とバイトですごく忙しいので、風
俗店は定期的に入るわけではなくて、お金がちょっと足りないってときだけ。不定期
で急の出勤だから、お給料は少ないときは1日5000円とか。忙しくても2万円く
らい。全然お金がもらえなくて困って、そのお客さんに「2万円あげるよ」って店の
外に誘われたことがはじまりです。その人と会ってエッチして、でも忙しい人なので
あんまり会えなくて。結局、出会い系サイトに登録しました。

取材場所に新宿を指定したのは、終わった後、ハンドヘルスに出勤するからのようだっ
た。休日はとにかく用事を詰め込んで、合理的にスケジュールを立てるという。

出勤はすごく少ない。けど、風俗はもう2年半くらいやっちゃっています。基本的

には全然平気じゃないです。私、そのときは彼氏ともエッチしたことがなくて、なにも経験がないままいまの店に応募しました。仕事は慣れるけど、平気じゃないっていうか。だから、サービスが軽いハンドヘルスで、同じ店にずっといます。

彼氏という言葉がでてきて、彼女の目に涙が浮かんだ。

恋人は同じ高校の先輩で、別の国立大学に通っている。出身高校の偏差値を検索してみると、県内トップの公立高校だった。

恋人とは高校時代から4年間付き合って、肉体関係になったのは1年半前という。広田さんは処女のまま風俗嬢になり、付き合って2年以上が経った恋人と処女喪失後、すぐに罪悪感を抱えながら、パパを見つけて売春するようになった。

性風俗で働いたり、中年男性相手に売春するのは、学生生活を維持するためだけが理由だ。1年生から現在も続けるスーパーマーケットのアルバイトは、大学の授業を優先すると、1日4時間、週2~3日働くのが限界である。時給は最低賃金に近い920円で、月収4万~5万円程度にしかならない。

父親は数年前にリストラされた。両親は非正規の共働きだ。世帯収入はせいぜい500万円程度で、弟が2人いるので「高校と大学、私立は絶対に無理」と母親に何度も言われていた。小学校時代から必死に勉強して挫折することなく、高偏差値をキープしている。

国立大学なので医学部でも学費は高くはない。入学金28万2000円、年間授業料53万5800円で、学費は日本学生支援機構の奨学金を借りている。学費は奨学金、そのほかの費用はアルバイトで稼いでほしいというのは両親の意向だ。

入学前は実家からの通学なのでなんとかなると思っていたが、体育会系の部活に所属したことと、教科書や雑費が予想以上に高額で、時間とお金が足りなくなった。

――実家は貧しいと思う？

うちは貧しいと思います。お母さんが高卒で苦労して、家が貧しいから自分はお金持ちになりたいなって思っていました。だから、小さいときからずっと勉強はしていました。

――子どものころから、そう思ってた？

貧しいと気づいたのは友だちの家に行って、明らかに自分の家が汚いとか、持っているものとか洋服がまわりの女の子のほうがいいものを買ってもらっているって。お母さんは塾のお金だけは払ってくれた。

出身校は県内トップの公立高校。おそらく中学校では学年1番、悪くても3番以内の成績で、ほぼオール5のはずだ。さらに彼女は文武両道である。高校時代に体育会系の部活に熱中して、高校3年のとき都道府県ベスト4になっている。

部活は勉強では味わえない達成感があり、大学でも続けたかった。高校3年の夏に引退してから寝る間を惜しんで必死に勉強し、国立大学医学部に現役合格した。大学でも、そのまま体育会系の運動部に入部した。

部活にお金がかかっています。大学の人たちはみんな中学からの私立出身で、家の裕福さは全然違う。高校のときはそうでもなかったけど、大学はみんな家がお金持ちです。体育会系の部活なので、なおさら。みんな部活のお金は親からもらっている。私はアルバイトで4万~5万円しか稼げなくて、部活にはそれ以上がかかる。お母さんに「出して」って言うと、出してくれたとしても、3回ぐらい頼んで嫌々みたいな感じ。貧乏だから快くは出してくれない。親にお金の話をすると、すごく嫌な空気になる。遠征とか大会とか、いろいろ重なって。もう風俗みたいなことしかないかなって。それが1年生の夏休みのことです。

大学は朝9時の1限から。部活は夕方から週2～3日ある。スーパーマーケットのアルバイトは部活のない日にしかできない。大学の同級生や部活の仲間、高校時代から付き合う恋人も、学生生活の中でかかわる人全員が中流以上の家庭で、経済的な苦境は誰も理解してくれなかった。どんなに苦しくても、愚痴を言う友だちもいない。

バイトを増やすと勉強する時間がなくなって、留年しやすい。大学は本当に厳しい。だから、留年したら元も子もない。もうスケジュールは1週間、朝から晩まで全部埋まっていて、ただでさえ忙しいのに、さらに時間をできるだけかけないでお金を得るとなると、どう考えても風俗しかないです。まさか自分がやるとは思わなかったですが、テレビとかで、そういう仕事があるのは知っていました。

風俗界隈の取材をすると、最近は当たり前のように現役女子大生が現れる。入学の難易度はまったく関係ない。都内でいえば、早慶上智、MARCH在学中などは当たり前で、どちらかというと真面目寄りな普通の女子大生たちが性を売っている。彼女らが口を揃えて言うのは「いくら悩んでも、選択肢は風俗しかない」ということだ。

女子大生に限らないが、短時間で効率よく稼ぐことができる仕事に出会えるのは要領がよかったり、さまざまな場所とつながりがある一部の学生だけだ。よく世間からは「風俗なんかするなら水商売をやればいいのに」という声を聞くが、キャバクラなどの水商売はお酒が飲めることやコミュニケーション能力が求められる。特に男性を相手にしたコミュニケーション能力は特別な才能なので、同じ女子大生でも目立つタイプで友だちが多く、クラスヒエラルキーの上位にいる女の子たちが多い。

現役女子大生の大部分を占める学生生活や勉強を大切にしている一般的な学生ほど、求人情報サイトで高収入をうたう風俗に流れる傾向がある。

医療系大学は国家試験の合格率が大学の評価に直結する。留年は常識で本当に勉強は厳しい。大学と体育会系の部活をやれば、もうそれだけで忙しく、時間はない。バイトなど、できる環境ではないのだ。

パパのことは「恋人にバレなきゃいい」

経済的に苦しくなったのは、入学してすぐだった。

大学1年の夏、教材費がかさんだうえ部費の支払いがあった。どれだけ節約しても3万円が足りない。親に頼んでなんとか乗り切ったが、すぐに夏合宿がある。親には、もう頼めない。悩みに悩み、高額求人サイトにアクセスした。

性体験がまったくないので不安しかなかったが、まったく時間がない中で、もうカラダをお金に替えるしか手段がなかった。思い切って応募した。すぐに採用された。

毎日学校が1限からなので、深夜までの水商売は無理。部活があるので家庭教師も難しい。いまのお店に面接に行ったとき、「月1日でも2日でも働ける日に働けばいい」って言われた。だから勇気を出してやることにしました。店でやることは、私が最初に服を脱いで、相手の人にシャワー浴びてもらって。レンタルルームで、人によるけど、向こうがめちゃ私のカラダを触ってきたり、舐めてきたりみたいな。最初はすごく気持ち悪くて「やめてください」って言っていました。店のルールでは触るのはダメだけど、なんかいちいち断るのが面倒くさくなっちゃって。もういいやって感じです。

大学1年の夏からお金が必要なとき、お金がなくなったとき、歌舞伎町にある風俗店に出勤する。猛烈に忙しいスケジュールの合間、月1日か2日出勤して性的サービスをしている。ソフトなサービスなので報酬は低い。月2万〜3万円を稼ぐようになり、なんとか合宿にも参加できた。いまのところ、ギリギリ学生生活を送ることができている。

親が低収入で日本学生支援機構の奨学金で学費を工面するものの、通常のバイトだけでは学生生活が成り立たない。典型的な大学生の貧困だった。

無駄遣いしないし、なにも欲しいものはないし、部活をやって大学を留年しないで無事に卒業したいだけです。それだけ。やっぱり月3万円くらい、どうしても足りない。風俗は気持ち悪くなってしまうので、本当はすごくやりたくない。やらなくていいなら、すぐに辞めたいです。なんていうか、自分がやっていることが気持ち悪い。自己嫌悪です。全然知らない人と裸で寝ているとか変だし、おかしいことをしているなって。彼氏にも悪いし、なにもいいことはないです。

恋人と付き合って3年目に、初めて肉体関係になった。大学と部活はさらに忙しくなり、時間はなくなった。お金は風俗だけでは足りなくなって、インターネットの記事で眺めたパパ活に手を出した。大学と部活とバイト以外に風俗勤務月2日、パパとの売春が月1日、カラダを使って平均してプラス月5万円を稼いでいる。そんな日常になった。

恋人への罪悪感は、ずっとある。いくら悩んでも、カラダを売る以外の手段が見つからない。答えは「いまは割り切るしかない」となる。

彼氏に対しては、バレなきゃいいって。社会のことはまだよくわからないけど、お金を持っている人は持っているじゃないですか。まわりはみんな親からお金をもらえて、恵まれている。けど、私は普通にお金がない。そういう星の下に生まれたのだから、風俗で働いてお金をもらっても、それは仕方ないことなんじゃないかって。

私は話してくれたこと、いまやっていることをうなずきながら肯定した。確かに限られた時間の中では、カラダを換金するしか学生生活を乗り切る手段がないのだろう。

彼女ほどの容姿スペックがあって、売春することも厭わないなら、もっと圧倒的に簡単に稼げる方法はある。自分自身を売り物にして売買する性風俗やパパ活、援助交際的な仕事は個人の情報戦である。一般的な風俗嬢やパパ活に熱心な女性たちは日々情報を集めて、最も楽に稼げる仕事に流れていく。

しかし、優等生の彼女は風俗やパパ活をしている現実に自己嫌悪に陥っているうえに、夜の世界に耳を塞いで、アンダーグラウンドで稼ぐことに興味はない。自分とは別世界である大人や繁華街に対して猜疑心まみれなので、そういう有益な情報までたどりつけない。おそらく風俗店や同じ店で働く風俗嬢にも、向いていないのに迷い込んでしまった女の子と判断されて、なにも情報は与えられていないはずだ。

風俗で一度やっちゃったら、もう二度も三度も同じみたいな感覚はあります。風俗店では6時間で2万円だけど、パパとか出会い系で相手を見つければ1時間で2万円くらいになる。効率はいいと思います。

話しているうちに緊張した表情は和らぎ、言葉は少し滑らかになっていた。否定されない相手に話すということは、少なくとも精神的な清涼剤程度にはなるのだ。

大学卒業まで、あと3年。恋人や大学の仲間に絶対バレないように風俗とパパ活を続けて、なんとか卒業して国家試験合格をつかみたいと思っている。

世の中にはお金が余っている人がいて、その人は若い女の子に会ってエッチしたい。私を欲しい人がいて、私はお金が欲しくて、需要と供給が合っている。長い時間、すごく悩んだけど、それは悪いことじゃないって。今日、やっぱりそう思いました。

21時半、ホテルのカフェラウンジを出た。歌舞伎町の方面へと向かっていった。歌舞伎町を歩く彼女の後ろ姿を見送る。やっぱり、街の喧騒とまったく合っていなかった。社会はなにかおかしくなっているようだ。

後ろ姿が見えなくなってから、なんとも言えない大きな違和感に襲われた。

誹謗中傷で埋まったコメント欄

この21歳医学生の記事は、新宿で取材した10日後、東洋経済オンラインに掲載された。掲載と同時に数日間に及んで、続々と辛辣なコメントが書き込まれた。編集者が「21歳医大生が〝売春〟にまで手を染めた事情」と、タイトルで売春というワードを使って煽ったこともあり、〝大学生の貧困問題〟という主旨とはズレた上から目線のネガティブなコメントが目立つことになった。

家父長制がある国や地域では女性の自由は認められにくい。日本ではずっと昔からカラダを売る女性は蔑視の対象とされる存在だ。私は彼女のカラダを売るという望まない選択は、現在の大学生が置かれた環境では仕方ないことだと説明したつもりだったが、コメント欄は誹謗中傷で埋まった。

コメントを書き込んでいる人々に彼女と同年代の若者もいるかもしれないが、おそらくほとんどがひと回り以上年長の中高年の男性だろう。本人の苦しい事情はほとんど認められるどころか、耳すら傾けられないまま、嘲笑され、見下されていた。

これらのコメントをおそらく彼女自身も読んでいるだろうことを思うと、ため息が出た。

部活やめればいいだけじゃないか。遊ぶのは高校までで十分だろうよ。

将来こんな医者にみてもらいたくない。

知り合いに東大医学部いって博士課程まで卒業した子いるんですけど、その人親いないんです。それでも奨学金で生活してましたよ？ アルバイトも少ししていたみたいですが、洋服やご飯を我慢して勉強を頑張っていました。本気で勉強したいってこういうことをいうんですよ？

部活やめたらいいだけ。机の上の勉強は出来るけど、経済観念が頭弱過ぎる。部活辞めてその時間バイト入れたらいいだけ、この女は頭でっかちなアホやわ。

体育会系の部活は時間もお金も大量に消費する。普通の家庭の大学生でもやらない。部活と売春を天秤にかけて部活を選ぶなんてどうかしてるとしか思えない。

そこまでしてお金をつくるとは、つくり話か、記事のような活動が好きか、どちらかではないでしょうか？

男性経験がなくてもネットに顔を隠して自分の裸体を晒すような女の子がいます。この子もそういうタイプなのかも。容姿に自信はあるけど、モデルになれるほどスタイルも良くない。ヘアモデルや読モ程度だと全く稼げない。貧しい、モデルにはなれない程度の容姿のコンプレックスと、勉強出来て国立医学部生なのにこんなにかわいいのよ、という自己顕示欲。それに男性が反応してチヤホヤしてくれるのが嬉しくて、軽率な行動をしてしまっているのではないかな。

体育会系の部活やめればいいだけ。もっとゆるいサークルに入ればいい。こんなに明らかな決断ができない人が、医師として通用するとは思えない。本当は楽して稼ぎたいだけでは？　しかも、風俗を選んだりパパがいる割には収入少なすぎ。1回2万〜3万で売春してるの？　頭おかしい…。

上から目線どころか、「部活を辞めろ」と脅迫的な口調の恫喝、「1回3万円で売春しているなんて頭がおかしい」と罵られている。耳を塞ぎたくなるような罵詈雑言ばかりだ。まえがきに書いたように、私は20年以上、AV女優や風俗の取材をしてきた。1000人以上の話を聞いている。なにが言いたいのかというと、私は自分が望んだわけでなく、成り行きとしてカラダを売る女性に圧倒的に詳しいのだ。

裸やセックスの価格は世の中のデフレに最も巻き込まれている。価格は暴落の一途となっている。最も旬な年齢である現役女子大生といえども、3万円は相対的に〝上の下〟な価格である。

世の中のおそらく世代が上の人々の、想像を超えた短絡的な反応にウンザリした。彼女の「学生生活に必要なお金が足りない」という悩みに寄り添う意見はほとんど見当たらず、基本的にカラダを売っている行為を誹謗中傷する意見がほとんどだった。

わずかではあるが、彼女をフォローするコメントもポツリポツリと書き込まれていたので引用する。


いまの東京の家庭教師の時給相場を知ってますか？ それと家庭教師で働くと、生徒の家まで往復するから拘束時間が長く、時間単価は意外に低いです。23区内でも往復に2時間とか普通です。

人間は希望や自尊心がないと生きていけません。21歳のこの女の子にとって部活をしているときだけが日常の苦しさを忘れて、自分の存在意義を感じられる一時ではないでしょうか。性をお金に交換する女性について、感情的に批判したくなる気持ちはわかりますが、論点はそこではないでしょう。「Fランク大学の貧困学生だけではなく、国立大医学部に通う貧困学生も性をお金に交換するしか、勉強を続けられない」、そんな国に未来はあるでしょうか？　この国の未来を支えるのはいまの高校生や大学生です。貸与型を廃止して、給付型の奨学金を充実すべきです。

このコメントが指摘するように、売春の是非は論点ではなく、国の未来を支える優秀な学生が望まない換金をするしか勉強を続けられない、という現実に問題があるのだ。日本に取り返しのつかない異変が起こりつつあることに、幸せな昭和を送った世代を中心に大多数は気づいていない。

コメントをしている人々の年齢はわからないが、おそらく上の世代の男性の方々としよう。日本の1800兆円の個人金融資産（日本銀行調べ）の6割は60歳以上の高齢者が所有し、世帯平均貯蓄は2000万円を超えている（総務省調べ）と言われている。一方、奨学金を利用する大学生（昼間部）は半数近くになっている（日本学生支援機構調べ）。

さらに、貧困に苦しむ若者たちが学生生活の継続のために「選択肢がそれしかない」と誘導されている風俗や売買春の利用者は中高年層がメインだ。

妹、または娘や孫の世代にローンを背負わせた挙げ句、性的奉仕をさせる社会になってしまっている。自分たちが絶望の淵に誘導した娘や孫のような次世代を担う女の子たちに、気分に任せて誹謗中傷を浴びせて、自分がさらに気持ちよくなっている。どこまで都合がいいのだろうか、異常としか言いようがない。
もう、いまの日本は、目を覆いたくなる状況となっている。

入学式の前に「風俗嬢」になった

記事アップから数日後。荒れ果てたコメント欄に呆れていたとき、20歳の現役女子大生からメールがきた。すぐに会うことにした。

あの医大生の女の子の記事に対して非現実的、嘘みたいなコメントがたくさんあった。私もそうですけど、いまの大学生とか若い子たちの中では、効率的にお金を稼ぐ、稼がざるをえない環境って普通にあることじゃないですか。全然、特別なことではない。だから、私もいまの状況を話したら、つくり話とか言われるのかなとか。そういう興味で連絡しました。

中堅私立大学の夜間部に通う、菅野舞さん（仮名、20歳）と、池袋のヤマダ電機LABI1日本総本店前で待ち合わせた。早朝から深夜を超えても、途切れることなく人が行き交う場所である。

菅野さんは文化系サークルに所属し、昼間は中小企業でデータ入力のアルバイトをしている。アルバイトは時給1000円で週5日勤務している。

アルバイトはそれだけではない、後期試験が終わった晩冬は彼女の稼ぎどきとなる。今日も20時から池袋でお小遣いをくれる中年男性に会うという。中年男性との待ち合わせは、いつもヤマダ電機LABI1日本総本店前だ。

その男性に合わせるからわからないですけど、たぶんエッチもすると思いますよ。

平然と、そう言う。風貌は茶髪、地味な服装で、どこにでもいる普通の女子大生だった。大学近くの家賃7万円のアパートにひとり暮らし、親はいない。子どものころから地方の児童養護施設育ちで、当然仕送りはなく、完全に自立して大学生活を送っている。お金はどうしても足りなくなる。悩んだ末に大学1年の春から性風俗、そして2年生になってからは特定の中年男性を相手に売春するようになった。

特に私大生の貧困は深刻だ。全学生の半数以上が奨学金を借り、親からの仕送り額は止まることなく減少を続ける。自宅外通学生の親の仕送り額は、1994年の12万4900円から2017年には8万6100円にまで減り、仕送り額から家賃を引いた平均生活費は1日当たり817円となっている（東京私大教連調べ）。

親が低所得だったり、親元を離れる地方出身の大学生は長時間アルバイトをしないと生活どころか、生きていけない状況だ。親世代の収入は下がり続け、学費は上昇し、授業の出席は厳しい。経済的に追い込まれている大学生を理不尽に使う会社が続出して、最近はブラックバイトが大問題となっている。現在の大学生に〝レジャーランド〟と揶揄された、かつてのように遊びほうける余裕はないのだ。

――親世代のこと、どう思ってる？

昔のことは詳しくはないですけど、コメントされている方々の時代は恵まれていたんですよね。だから、学生が風俗に身を落とす意味がわからないというか。

――どうして、そう思う？

風俗で働いていると、中年のお客さんですごく見下してくる人はたくさんいる。「どうして、こんな仕事をするの？　ブランド物が欲しいの？」みたいな。そんなのお金のために決まっているじゃないですか。わからないなら、わからないで別にいいし、理解してほしいとも思わない。けど、違和感はありますよね。

あきれた様子で、冷たく言い放っている。

中年男性の多くは、カラダを売る女性たちを見下す傾向にある。プライドを持ってカラダを売っている女性は本当に少数なので、女性たちの当事者のほとんどは見下されることを理解している。その現実にいちいち怒ったりしない。

見下すのは自由だし、かまわないけど、なぜ若者たちがその選択をするのかという理由くらい察してほしいということだろう。菅野さんは苦労知らずの時代に育って偉そうに暴言を吐いたり、見下してくる大人全般を、もう一切信用していないし、相手にしていないという様子だった。このような意識を持っているのは彼女だけではない。これから本格化するだろう、世代の分断である。

現在、社会保障財政はひっ迫している。政府や行政は医療保険制度、そして高齢者を社会で看るはずだった介護保険制度を縮小して、若者を含めた地域で看る〝地域包括ケアシステム〟の構築に必死になっている。地域包括ケアシステムに耳を傾けているのは極めて一部の生活に余裕のある意識が高い人々だけで、順調に進行しているようには見えない。

若者を苦境に追いやって苦しめて、世代を分断させた中で、高齢者や社会的弱者の面倒を看ろという都合のいい施策がすんなりと実現するわけがないのだ。ちなみに中高年や高齢者たちは、若者が苦しんでいるという現実を知らないし、興味すらないように見える。

児童養護施設育ちの菅野さんに、親はいない。仕送りはゼロ円だ。

大学を卒業するため、4年間の学費と生活費のすべてを自分で稼がなければならない。高校2年のときに進学を決意して、コンビニでアルバイトをして貯金した。高校と児童相談所の反対を押し切って、上京している。新幹線に乗って上京して一般受験して、進学した。夜間部を選んだのは、授業料が安いからだった。

収入は、奨学金と昼間のアルバイトを合わせて月20万円ほど。家賃を支払ったら残るのは12万円くらい。そこから携帯代、光熱費、交通費、食費を支払って生活すれば、わずかなお金しか残らない。彼女には助けてくれる親はいないので、さらに学費全額がかかってくる。

昼間のアルバイトだけでギリギリの生活はできます。けど、どうしても学費が払えない。でも、それは高校生のころからわかっていたことなので、1年生の春には風俗に行きました。池袋のデリヘルです。1本1万円の店で、出勤は週1日くらい。月6万~10万円程度かな。風俗で稼いだお金は、全部貯金して学費にしました。

育った地元は、東京からはかなり遠い地方だ。福祉関係者の反対を押し切って無理して上京している。大学進学にはそれなりに覚悟があったので、入学式の前に風俗嬢になっている。その事実を淡々と語っているが、知らない男性に性的サービスをする仕事は精神的にかなり厳しいという。

1日出勤するだけで精神的にきます。もう、次の日は動けなくなるほど、疲れる。まったく割に合わないです。やっぱり後ろめたさがあって、精神的にも疲れるし、ツラい。お金のためだから仕方ないとか、売れるもの売ってなにが悪いっていう言い分もあるけど、やっぱり社会的に認められていない一面が居づらくさせるというか。知らない男性を相手に、こういうことしなくちゃ自分は生きていけないって現実が苦しい。あと、カラダが痛い。

デリヘルが提供するサービスは疑似性行為だ。本番をしないセックス行為である。知らない男性を相手に会話して愛撫され、欲望の的にされる。精神が削られるだけでなく、20歳のまだ成長途上のカラダも疲弊する。すり減るような感覚という。

つかみ方が酷い人とか、あとヒゲでこすられて痛いとか。胸の上とかすれて、血が出たりすることもあって、すごく疲れるし、1日働いたら次の日はアルバイトに行くのがツラい。カラダを休めたいけど、そんな休んでいる時間はないし。それで、大学の友だちからTwitterで男性を探す方法を教えてもらった。まあ、売春ですけど、いまはSNSで男性を見つけてお金をもらっています。

20歳の女の子がお金のためだけに中年客に肉体を差しだして、肉体と精神をすり減らす話は聞いているだけで重い。

パパ活のハッシュタグでツイート

そしてこの数年、パパ活とともにTwitterで援助交際や売春の相手を探すことが流行っている。未成年の少女が手を染めるケースも後を絶たない。売春防止法違反の容疑で、不特定多数に売春を勧誘した未成年少女が逮捕される事件も起こっている。

違法ってことは自覚しています。とりあえずTwitterで援助用のアカウントをつくる。パパとかパパ活とか援助とか、そういうタグをつけてつぶやく。自然とフォロワーが増えて、どんどんダイレクトメッセージがくる。買いたいって。この人だったら大丈夫かなって人と会う。私だけじゃなくて、そういうアカウントは何千、何万ってありますよ。エッチするときは3万円以上欲しい。1年間くらいやって何人か定期的な人ができました。風俗よりも楽チンです。

Twitterは3つのアカウントを使い分けている。ひとつは本名で自分の大学名や所属を出して、もうひとつは風俗嬢の名前で愚痴をつぶやく。そして、もうひとつが援助用のアカウントである。それぞれにまったくつながりはなく、書いている本人以外には同一人物であることはわからない。

メッセージがきたら、言葉遣いをみる。文章がちゃんと書けているかって。普通の人を選びます。あとはお金を稼ぐことだけが目的なので、10代とか20代前半の若い人は無視します。若い人はお金がないだろうし、値切られたり、恋愛みたいなことを求められるかもしれないから。知らないおじさんと会うのは、嫌だし、怖い。けど、仕方ないことです。

現在、特定の中年男性が3人いる。全員40代だ。それぞれ求められる日数が違う。時間を見つけてヤマダ電機前で待ち合わせする。その日にセックスすれば3万円以上、食事だけならば5000円か1万円をもらう。

大学2年以降はTwitter経由の援助交際や個人売春で月10万~12万円を稼げるようになった。風俗への出勤は減らしている。もらったお金はそのまま学費用の普通預金口座に入金する。4月半ばまでに納入しなければならない数十万円は、もうだいぶ前に貯まっている。

日本学生支援機構の奨学金が「実質学生ローン」という批判を受けてから、彼女のように風俗や売春に手を染める女子大生はさらに増えている。経済的に追い詰められると稼ぐための手段は、その個人の属性や性格や趣向などを軽く超えてくる。たとえば、処女や恋人との恋愛を大切にする普通の女子学生が風俗を選択して、心優しい男子学生が違法なスカウトや高齢者をターゲットにした詐欺手伝いに走ったりするのだ。

普通の女の子が生きるためにカラダを売る――日本の若者の貧困、そして世代間格差、男女格差は深刻としか言いようがない。

風俗客はお金を持つ層なので、中流以上の中年男性がメインとなる。彼女は「違和感はある」とクビをかしげたが、恵まれた時代に育ってさまざまな恩恵を受けた中高年男性が、学生生活維持のために裸になって必死に稼ぐ若い女の子に偉そうに説教しても、その言葉はまさにむなしく響き、分断を呼び、彼女たちを傷つけて怒りを誘うだけなのだ。

預金ゼロではじめた東京での学生生活

2歳から児童養護施設で育っている。両親は、本人は知らないなにかの理由で育児放棄して、娘を施設に入れた。20~30人の小さな施設で、主に親から虐待された子どもが入所していた。

「虐待の子が多い。ひねくれた子が入ってくるので、子ども同士のいがみ合いばかり。虐待された子はヒステリーを起こしやすいとか、怒りっぽかったり、人を殴る、蹴るって乱暴だったり。あと自傷行為。私は親の育児放棄なので、そういう子とはやっぱり自分は違うって感覚はありました。施設の子は大人になっても、ほとんど全員がうまく社会生活を送れていません。仕事に就けなかったり、続かなかったり。その日暮らしで転々としている人ばかりですね」

小学校に上がったとき、クラスメイトとは違う普通でない育ちであることを知った。習い事ができない、誕生日やクリスマスになにも買ってもらえない、お年玉がもらえないなど、まわりと違うことにずっと悩んだ。

誰も助けてくれる人はいない、自立しないと生きていけないことに高校時代に気づいた。単に制度によって生かされているだけで、高校を卒業したらもう誰も助けてくれる人はいなくなる。高校1年のときに児童相談所に里親制度を勧められた。悩んだ挙句、施設を出ることにした。

その家は、過保護で厳しかった。子どもが欲しかったけど、流産して子どもに恵まれなかった夫婦でした。家庭というのはこういうものとか教えられても私には全然響かなくて、気遣いとか助け合って生きるとか、まったくわからなかった。いままで自分だけのことをすればよかったのに、いきなりそんなこと言われてもという感じ。いままで買い物とかしたことがないし、家事もわからない、家電の使い方もわからない。いちいち「どうしてできないの?」って責められました。自分が全否定されたみたいな感覚でした。苦しかった。

里親になった初老の女性から、生活や態度の隅々まで注意された。褒められることはなにもなく、施設を出たらさらなるストレスとなった。ストレスに耐え切れなくて精神的に不安定になって、学校をさぼるようになった。

菅野さんは髪の毛をかき上げ、耳を見せてくる。耳たぶだけでなく、耳全体にピアスの穴が開いていた。

自傷的なものです。耳にピアスの穴を開けて止まらなくなった。両耳だけだと15～16個くらい、それと舌の裏の筋とかおへそのまわりとか。全部で30個です。ピアス用のニードルを買って、カラダに刺して開ける。深夜にやっていました。リストカットとか好きじゃなくて、ピアスの穴を開けて人に見せて怖がられたり、すごいとか言われたり、ちょっと満たされたみたいな感じがありました。

所詮他人である里親とは、相手が理想とするような家族にはなれなかった。高校2年のとき、なにもいいことがなかった地元を離れて、東京の大学に進学すると決めた。児童相談所と高校の進路担当は「無理です、働きなさい」と止めた。聞く耳を持たなかった。

放課後、近所のコンビニで働き、稼いだお金を全部貯金して進学と上京の費用にした。お金をつくることが優先だったので、受験勉強の時間は割けない。学費の安い国公立はあきらめて、私大夜間部を志望校にした。合格して、里親に丁重にあいさつをして上京した。2年前のことだ。

日々の一番のプレッシャーはお金のことだ。学費と上京の費用で、2年間のアルバイトで貯めた130万円はほぼなくなった。預金がほぼゼロから東京で学生生活がはじまり、半年ごとに数十万円の学費の納入期限がある。家賃は7万円と高く、不安しかない。すぐに風俗嬢になった。知らない男性への性的サービスはやりたくないことだが、そんな自分の好き嫌いを言っているような状況ではなかった。

大学生になってからは、もう誰も守ってくれない。誰も知っている人がいない。全部自分でやらなきゃいけないし、健康をちょっと崩しただけで生きていけなくなる。プレッシャーはあるし、普通に精神的に厳しいです。

大学では文化系のサークルに入った。知り合った同学年の男子学生と付き合うようになった。

カバンからiPhoneを取り出す。画面を見せてくる。男性の名前が書いてあり、LINEで通話がつながっていた。なぜか通話中だった。

彼氏です。1年前から一緒に暮らしていて、離れるときはずっと通話中なんです。共依存です。彼も父親にDVされた経験があって、似たような依存タイプで、誰かに必要とされたいみたいな。だから、ずっとつなぎっ放し。向こうがバイトしていたら、終わってからずっと会話する。家に一緒にいる以外は、つなげたまま。もう、ずっとそう。ちょっとでも離れると、自分が不安になっちゃって発作を起こしちゃうし。

地元にいるころは自傷紛いの行為を繰り返したが、東京に来てからさらに悪化して突然泣いたり、過呼吸が起こるようになった。そして、自分のことを好きと言ってくれる男性に依存した。恋人と一緒にいるときだけ、不安定がおさまり、安心できる。

風俗勤めは、すぐバレました。向こうが私の携帯を見た。共依存していると、お互い携帯を見る。風俗嬢は写メ日記を投稿するじゃないですか。それを見つかって話し合いになったけど、相手も学生だし、辞めたら生きていけなくなる。仕方ないって諭して、相手もうつむいてなにも言わないので、そのまま無視して働いています。私だって風俗とか売春しないで生きていきたい、でも、いまはどう考えても無理です。

カラダを売ったお金は、そのまま学費になっている。もし、給付型奨学金があれば、少し不安は取り除かれて、カラダを売らなくてもなんとか学生生活を送ることができる。

でも、私みたいな親がいない人間は、たぶん大人から「おまえなんて大学に行くな！」ってコメントで叩かれますよね。もう、大人の言うことは想像がつく。たとえば、養護施設出身で大学に行きたいと言った子に、「じゃあ、あなたも売春やれば？」とか言えないじゃないですか。その子がどうすればお金を工面して、学費を積み立てられるかを考えたとき、とても自分がやっていることは勧められない。やっぱり給付型の奨学金があればいいのに、とは思いますよ。

大学奨学金が社会問題になり、返済不要の給付型奨学金の必要性が叫ばれた。安倍政権は２０１７年度から給付型奨学金を新設したが、予算はわずか70億円だった。大学生ひとり当たりにすれば２４００円程度だ。

大学生たちの状況は、日々悪化している。カラダを売らないと学生生活を維持できない苦境にいる女子大生は、彼女だけではない。２０１８年に低所得世帯の大学無償化、負担軽減に向けての検討がはじまったが、その苦しい状況は、もう少しで緩和するのだろうか。

親の借金を返すために風俗で働く

親の借金を返さなければならず、風俗で働いています。

現役女子大生からメールがあった。

これまで女子大生風俗嬢を数多く取材してきた私が驚くほど、〝女子大生の貧困〟というテーマで取材対象を探すと、ことごとく風俗経験者となってしまう。メールをくれた現役女子大生も現役風俗嬢だった。

彼女とは、ある繁華街で待ち合わせた。その繁華街は半径200メートル程度に飲食店、パチンコ店、風俗店、ラブホテルが密集している。日本語だけではなく、四方からアジア各国の言葉が飛び交い、中国語や韓国語だけの看板も点在する。有名女子私大3年生の小倉くるみさん（仮名、21歳）は、浮かない疲れた顔をしてやって来た。

「風俗をはじめたのは、半年前です。まだ学生なのに男の人を相手にする、こんな仕事して大丈夫？　って思ったけど、もう、そんなことを言っていられないし」

年齢よりしっかりした印象で、理知的な雰囲気が漂う。かわいいというより、美人だった。大学の授業を中心に、空いた時間に塾講師とデリヘルの掛け持ちでアルバイトをしている。塾に週4日、そして週2日この繁華街に通う。表情は憂鬱そうで、疲れた様子だった。

「風俗は肉体労働ですから、まあ疲れますよ。1日2人、多いときは3人くらい。2

人に1人は、本番させてほしいって言います。体調とか人によるけど、断るのも面倒くさいし、お金をもらってします。まあ、売春ですね。知らない男の人と、本当になにをやっているんだろうっていつも思っていますよ。

私の取材経験から言うと、裸の世界の女性たちは、自分がしていることを肯定したいので、風俗嬢だったら風俗を美化しがちだ。特にAV女優はその傾向が顕著である。しかし、小倉さんは自分がしていることを否定するわけではなく、またポジティブに正当化するわけでもなく、いたって冷静で客観的だった。風俗は女性の肉体労働であり、それ以上でもそれ以下でもなく、我に返ると疑問符が浮かぶ仕事であることも確かだ。

風俗嬢と男性客が個人的に交渉し、サービス追加をしたり、店を通さずに会ったりすることは〝裏引き〟と呼ばれる。

女性と客が本番をすれば、店は斡旋となって売春防止法違反となる。地元警察署に届け出をして営業する風俗店では、違法行為は厳禁だ。オリンピック前なのでなおさらである。しかし、女性の収入が増えることもあり、裏引きによる本番行為は、店側は見て見ぬふりをするケースが多い。

彼女は突然「客に会うかもしれないし、ここ（繁華街）にいたくない」と言いだした。電車で十数分、ひとり暮らしをする自宅近くの街に行くことにした。

九州出身、大学進学で上京している。大学近くの住宅街でひとり暮らし。家賃は月6万3000円。年間100万円の学費は親が払うが、実家からの仕送りは一切ない。一切ないどころか、年間20万円程度を親の口座に送金しているという。

東京での学生生活でかかる費用は家賃、光熱費、食費、交通費、通信費、服飾費、図書費などなど。生活するためには月15万円はかかる。2年前、上京してすぐに塾講師をはじめた。塾講師の収入だけでは15万円には届かない。苦しい状態は続いた。

夏休みを待たずにキャバクラのダブルワークをするようになり、半年前にカラダを売ることを決意している。現在の収入は塾で8万～10万円、風俗20万円程度という。若干、余裕のある生活になった。

大学の成績はトップクラス

小倉さんは保育士を目指している。大学の成績はトップクラスらしい。

低賃金が問題になる「保育士」と聞き、私はため息をついた。貧困家庭や不遇に育った女性ほど、自分のために合理的に稼ぐより、人の役に立ちたいという意識を持って低賃金の福祉系職に就く傾向がある。

保育は保育園不足の解消のために企業主導型保育園制度がはじまり、子どもにはたいして興味のない補助金目当ての企業が殺到してボロボロといった状態である。国が責任を放棄して、どんどんと民営化が進んでいる福祉事業はまったく未来がない。若者が目指すべき仕事ではないが、それは彼女には言わなかった。

ノーベル経済学賞を受賞したプリンストン大学のダニエル・カーネマン教授は「感情的幸福は年収7万5000ドル（約900万円）まで収入に比例して増える」と唱えている。国や行政は職業訓練や世代交流などをして、必死に若者を福祉職へ誘導しようとしているが低賃金の福祉職に就いた若者たちは、相対的に不幸になっていることになる。

高校で進路を決めるとなったとき、保育士になりたいと思った。別に子どもが好きとかじゃなかった。子どものとき、親から大事にされていなかったと思ったから。どうしても自分が幸せだと思えなかったし、もうそれは取り返しのつかないこと。ならば、自分が親からもらえなかった愛情を、ほかの子どもにあげられたらいいなって。それが保育士を目指すようになったキッカケですね。

家庭に問題があったようだ。実家には父親と妹がいる。中学生のときに母親は病死、それから父子家庭となった。

大学に入っていろんな人に会って、もしかして親から大事にされなかったのかなって、あとから気づきました。父は私と妹がいるからお金がかかるみたいなことを怒鳴って、「おまえには死んでほしい」って実際に首を絞められたり。さすがに肉体的に苦しめられると、大事にされているとは思わないです。

父親は53歳、ある士業で自営業だ。2人の子どもに興味はなく、趣味に勤しみ、父親と娘の距離は遠かった。聞いて驚いたが、彼女は日本学生支援機構から第一種（月6万4000円）、第二種奨学金（月12万円）をフルで借りていた。月18万4000円である。

毎月奨学金が振り込まれる彼女名義の預金通帳は父親が管理、年間100万円の学費は奨学金から父親が支払っている。余る年間120万円は、父親が生活費に充てているという。大学4年間で彼女が抱える負債は、単純計算で883万2000円。上限年利3％の金利を含めたら、返済総額は1000万円を軽く超えてくる。

社会人になったとしても、低賃金が問題となる保育士だ。おそらく給与だけで単身で暮らすことすら苦しい。そのような経済状況の中で、1000万円を超える負債を抱えて順調に返済ができるはずはない。

彼女の未来は、すでに暗かった。

――借りた奨学金は学費以上だよね？

奨学金をフルで借りたのは、父の勧めです。借金できるのはいいことだって契約させられました。半ば無理やりですね。私大なので学費もかかるし、それは仕方ないことと思っていました。

大学生の親にバブル世代が増えてから、子どもの奨学金を親の家計に組み込む話は、よく耳にする。本人は未成年なので、契約は親任せなことが多く、詳しい内容をわからぬまま自分名義の負債を背負う。

――父親が奨学金を使うことがおかしいとは思わない？

大学の友だちから、それはおかしいと聞きました。私の奨学金を父親が使っていることは、普通の家庭ではありえない。それは自覚しています。でも、父は怖い。なにも言えないし、我慢するしかない。将来的に全部私の借金になるけど、もう仕方がないってあきらめています。卒業して保育士になっても、とても返済できない金額ってこともわかっていますし、どうにもならないです。

あきらめ切った表情で、吐き捨てるように言った。

奨学金だけではなかった。父親からはたまに電話がきて、お金をせびられることもある。先々月は風俗をはじめて経済的に余裕ができたこともあり、父親の口座に言われたまま10万円を送金した。

当然、父親は彼女が経済的に追い詰められて、風俗嬢をしていることは知らない。

不倫して奨学金を着服する父親

奨学金が親の家計に組み込まれ、困窮する彼女が性風俗で働く現状は異常である。保育士免許を取得するだけなら、上京する必要はなかったが、どうしても家を出たい事情があった。

横暴で自己中心的な父親に病弱な母親、ずっと冷めた家庭だった。中学生のときの母親の病死で、家族の中に深刻な亀裂が走る。

父親に対する距離感と嫌悪感を語ってから、亡くなった母親の話になった。第一印象から年齢より大人びたイメージがあったが、家族を頼ることができないから精神的にも経済的にも自立し、自分自身が置かれた厳しい現実を理解しているからだった。それだけ悩んできたことも、言葉から伝わってくる。

母は肺炎を合併症で起こして、結局亡くなった。母は子どものころから入退院を繰り返して、一緒に過ごした記憶みたいなのはなくて。子どものころから、父のことも母のことも嫌いではなかった。むしろ好きで信頼していたけど、母が亡くなってから、家族は妹しか信用できなくなった。母が亡くなったとき、自分でもわからないけど、全然悲しくなかった。本当に涙も出なくて。

亡くなる1カ月前、父親から「お母さんとはしばらく会えないよ」と言われている。いつもの入院と思い、心配することもなく、部活と試験勉強をしていた。突然「危篤」の知らせが入った。

死んでしまうほど状態が悪いなら、私と妹になにか言ってほしかった。でも言ってもらえなかった。別に私とか妹とか、そこまで気にされる存在でもないのかなって。悲しくないって言ったら嘘だけど、実感が湧かぬまま、お葬式ではみんな悲しんでいた。親とか、母方の家族とか祖母とか泣いていた。私ひとりだけ、気丈な感じで疎外感がありました。いま思えば、母の死から家族に絆はないと悲観するようになったし、たぶんそれは現実で間違っていないと思う。

母親の死から数カ月後、父親の不倫が発覚した。数年間に及ぶ関係だった。幼い妹が不倫相手とのメールを見つけて、母方の祖母に父親の不倫を話してしまった。それから祖母は2人の孫に父親を非難し続けて、父親は母方の祖母を毛嫌いした。家族崩壊。母親が死んでから父親は娘を突き放すようになり、ときおり「おまえら死ねばいいのに」と口走るようになった。

高校時代。祖母と父親の間に挟まれた。家族同士の悪口、罵り合いを日常的に聞き続けた。あなたの父親はロクでもない、あのクソババア……。家族など、なにも信用できない。自分ひとりで生きていくしかないと確信した。妹を実家に置いていくことだけは気がかりだったが、高校を卒業したら進学を口実に地元から逃げることに決めた。

高校時代は成績がよかった。第1志望の大学に合格した。父親に勧められるがまま日本学生支援機構の奨学金を借り、東京行きの新幹線に乗った。父親からは東京での生活費は、全部自分で稼げと言われた。少し大変かもしれないけど、なんとかなると思っていた。

すぐに、学習塾の講師募集の面接に行った。簡単なテストを受けて採用された。大学の授業が終わってから無理をして働いても、月8万～10万円程度にしかならなかった。かつては家庭教師や塾講師は大学生の代表的な高賃金アルバイトだったが、学習塾がフランチャイズ化した現在の賃金は安い。授業の準備も含め、1060円という時給は、東京の最低賃金に近い金額である。

大学1年の4月、5月は塾講師のほかにも、工場で作業する日雇い派遣とか。仕事はかなり頑張ってやったけど、お金は全然足りなかった。生活できるだけは稼げなかった。月3万～4万円は常に足りなくなるので携帯代が払えないとか、電気代が払えないとか、そうなります。覚悟して実家を出たけど、本当に厳しいと思った。どうにもならなくて、1年生の6月にはキャバクラで働きはじめました。水商売とか世間的にイメージが悪いじゃないですか。まともな仕事で生活したいとは思っていたけど、早々に断念しました。

自宅最寄りの駅前にあるキャバクラに即採用された。時給は安く1800円だった。経験がないので、その時給が高いのか安いのかわからなかった。塾のアルバイトが終わって、すぐにキャバクラに出勤、深夜2時まで男性客の相手をした。塾の8万円にプラスして、キャバクラで10万円程度を稼げるようになって、初めて東京での学生生活が成り立った。忙しい。朝から深夜までスケジュールが埋まる。厳しい生活だったが、経済的な心配事がなくなり、精神的に余裕ができた。塾で知り合った大学院生の講師仲間に告白され、男女交際もするようになった。

キャバクラでは売れたというほどではないけど、まあ、やっぱり18歳、19歳だからお客さんには好かれました。プライベートでもよくしてくれる人がいて、プレゼントをくれた。お酒とかバッグとかいろいろもらったけど、使わないからメルカリで売っちゃう。けっこうお金になって助かりました。

順調に単位は取得した。学生生活も問題なかった。キャバクラは割のいいアルバイトという感覚しかなかったが、1年くらいで限界がきた。

肉体の疲れはあまりないけど、精神的に削られる。ほかに女の子たちもいるし、お客さんとかも、キャバクラの女の子の中で誰がかわいいとかかわいくないとか。容姿とか人格とかをズバズバ言う人がいる。聞いていると自分のことじゃなくても、ああ、大人ってそういうこと言うんだみたいな。しつこく口説いてくるオジサンとか。私は時給だけもらえればいいので、そういう仕事と関係ないことが嫌でした。嫌ってだけじゃなくて、かなりの精神的な負担になりました。

大学2年の夏、キャバクラを辞めた。

キャバクラを辞めたら生活ができなくなる。奨学金を生活の足しにしている父親に、苦しいので返してほしいとは言えない。いくら仕事を探しても大学と塾の合間に就業が可能で、単価が高い仕事は風俗しかなかった。

ある副都心のデリヘルに応募した。そのとき、1年以上付き合っていた恋人がいた。しかし、彼の顔がよぎることはなかった。

「出勤してラブホテルかレンタルルームに出向いて、お客が待っている。その人に性的サービスをする。それで本番がしたいって言われたら、いくらかお金をもらってセックスする。時間になったらシャワー浴びて解散みたいな。私、なにをしているんだろうって疑問はあるけど、ラクです。お金がないから、仕方ないことだし。

風俗嬢になって1カ月。嘘をつかなければならない関係がうっとうしくなって、恋人とは別れた。

厳しい状況は、親からの仕送りがない大学生の一般的な風景だ。

簡潔にいえば、親からの仕送りのない地方出身の単身大学生は、水商売か風俗をしなければ、学生生活は送れないということだ。彼女のように経済的な苦境に陥る女子大生は、膨大に存在している。男子大学生もまったく同じだ。

父親の奨学金着服に関しては本当にあきらめているようで、もうどうでもいい……と投げやりだった。

卒業と同時に1000万円以上の負債を背負う小倉さんの未来は、すでに真っ暗だ。どんなに苦しくても実家に戻るという選択肢はない。順調に保育士になっても、苦しい状態は延々に続くことになる。


――10年後、どうなっていると思う？


暗い話ですけど、たぶん自殺していると思います。将来のことはよく考えるけど、幸せな自分は当然、生きている自分の姿も想像つかない。

表情ひとつ変えずに、そう言う。他人から同情を引きたいタイプには見えない。本心で言っているように感じた。

自分が若いからなのかもしれないけど、人生経験がないからなのかもしれないけど。いくら考えても、将来の見通しは立たないです。保育士になって社会の一員になっても、どうしても10年後に結婚したり、出産したり、キャリアを積んで働いていたり、そういう普通に生きている姿が想像つかない。いままで21年生きてきたけど、人生に対して肯定的な気持ちになれないし、これから生きてもいいことがあるとは思えない。いまだって実際、知らない男の人相手にカラダを売っちゃっているわけだし、そうやってどんどん落ちていくのかなって。

たまにどうやって死ぬのかも考えるという。

飛び込みは人に迷惑がかかるから、首吊りかな。そういうことは本当に頻繁に考えていて、いつそうするかわからないけど、いずれそういうことになると思う。これまで生きてきて、人とかに対して全然、なんだろう、プラスの感情を持てなかった。親もそうだし、これから出会う人も、そういう人ばかりなのかなとか。大人になってもっと苦しくなるなら、どこかで終わりにしたいなって思っています。

なにも知らされぬまま突然亡くなった母親、不倫して奨学金を着服する父親、家族を延々と罵る祖母、頑張っても学生生活が送れない東京、キャバクラで女性を罵る客、本番を頼み込んで腰を振る男性客、1000万円を超える負債——彼女がこの数年間で見た風景だ。

やっぱり、すべては母が亡くなったときかな。死んじゃうなら、やっぱりなにか言ってほしかった。母が私に会いたくなかったのかもしれないし、わからない。裏切られたのかな。

話は終わった。

死んでから母親に裏切られた、と心の底で深く思っている。

東京に来て、父親に奨学金をとられたと知っても「あ、そう」としか思わなかった。どうせ長くない命と投げやりになれば、負債が３００万円でも１０００万円でもあまり変わらない。未来が見えないならば、すべてをあきらめて見なければいい、ということだった。

弱冠20歳の女の子が肯定できる希望が見いだせずに、社会だけでなく家族までも分断する日本の未来はとことん暗い。

どこかで自分の手で人生にピリオドを打ちたい――。

彼女がうっすらと想像するその選択は、もはやそんなに悪いこととは思えなかった。

第2章 母には一生会いたくない

お金の問題は人を悩ませる。

「若いうちの苦労は買ってでもするべき」という呑気な言葉が浸透した時代もあったが、いまの大学生たちは高額な学費納入に追われて、半年後に学生生活が継続できているかわからない。

半年先の展望が持てない不安定な状態で、心理的なストレスによって一部は精神も蝕まれている。

お金がなくて、いいことは本当になにもない。

ただただ悩む時間が増えて、勉強も手につかなくなる。バイトを優先して留年や退学が頻発。弱みに付け込まれてブラックバイトをさせられる、また違法行為に走ったり、売春や犯罪に手を出したりしている。

特に女子大生たちの望まない風俗や売春は、中年男性の性欲発散の的にされる仕事だ。

貧困の恐ろしさは〝連鎖〟だ。

お金がないという問題だけでは終わらない。2018年9月7日、九州大学箱崎キャンパスでオーバードクターの焼死体が見つかった。貧困を苦にした焼身自殺と言われている。

貧困はときに破壊的な結果につながっていく。

私は3年前、女子大生の貧困を取材した『女子大生風俗嬢』（朝日新書）を出版した。執筆に際して、学費と生活費に追われて、貧困に苦しむ現役女子大生を十数人取材している。そのうちのひとり、山田詩織さん（仮名、24歳）に連絡をとってみた。

現在、アルコール依存症で関東近郊の精神病院に入院する。届けを出して許可が下りれば外出ができるようで、病院近くで待ち合わせた。

入院したのは10月25日。もう1カ月以上入院しています。ボロボロです……どうして、そんなになるまでお酒を飲んじゃったのかわからなくって……。

山田さんは、ため息まじりにこうつぶやく。

山田さんは当時、都内の有名大学に通う4年生で、渋谷のデリヘルでアルバイトをしながら学生生活を送っていた。取材当時、すでに就職活動を終えて、確か広告会社に内定をもらっていた。

卒業して2年。冷静に振り返ってみれば、メチャクチャでした。実はあれから内定した会社を蹴って、AV女優になりました。でも、これじゃあいけないと事務職に就いたのですけど……そこも半年で辞めてしまった。それからサービス業の店員になって、そこも半年続かなかった。いまはニートです。それでアルコール依存症になってしまって、1カ月前から精神病院に入院です。本当になにやっているの、って思います。

冴えない疲れた表情に、簡単な化粧。伸びた髪。大学生のときの華やかで自信に満ちた印象はまったくなくなり、実際以上にいくつも年齢を重ねたようにみえた。

内定を蹴ってAV女優に

父親は彼女が高校在学中にリストラされている。家庭に娘を大学に進学させるお金の余裕がなくなった。一般入試ではとても合格は望めない大学の指定校推薦がとれた。進学はあきらめきれなかった。祖父母が初年度納入金だけは準備してくれて、進学は叶った。

しかし、半年ごとに授業料の納付がある。入学前に支払う初年度納付金以降、両親はおろか、祖父母からも一切の金銭的な援助なしに大学に通わなければならなかった。

日本学生支援機構からの第二種奨学金を月10万円借り、全額を学費に充てた。当時は実家暮らしだったので、生活費や食費、交通費をアルバイトで稼ぐことにした。アルバイトをするだけで、なんとかなると思っていた。進学時はなにも重くは考えていなかった。

大学生になってすぐ、自宅近くの蕎麦屋でアルバイトをはじめる。授業を優先すると、働ける時間は限られた。時給900円未満で短時間しか働けず、月3万〜4万円程度にしかならなかった。奨学金は学費以外には使わない予定だったが、アルバイトだけではお金が足りない。半年ごとの50万円を超える授業料納付はあまりに重く、大学2年のときに風俗で働くことを決めた。

インターネットには風俗の求人はあふれていて、求人情報が紙やスカウト、紹介だった時代と比べると、風俗は身近になっている。誰でもメール一通でそちらの世界に足を踏み入れる環境は整っている。軽い気持ちで風俗嬢になってしまった。合理的に稼ぐことを知って、すぐに前のめりになって働くようになった。

2年前の取材のときは、社会人になることに前向きだった。奨学金返済や生活費でお金が足りなければ、「入社後も休日に風俗で働く」と話していた。

給与を出来高で支払う性風俗は働く女性の裁量が大きく、働きたい時間に働ける。都合がいいだけでなく、客から必要とされて承認欲求も満たされる。それは当時の山田さんにとって、違和感のない、かつ合理的な選択だった。

しかし、その後、どんな心変わりがあったのだろう。内定を蹴ってAV女優になることを決めたキッカケはなんだったのか？

あの当時をいま振り返ると、明確にやりたい仕事がなかった。大学1、2年のころは漠然と海外で働きたいと思っていて、夏休みに留学しました。風俗をはじめたのは、留学にどうしても行きたかったのがキッカケ。でも、風俗で働いているうちに、わからなくなっちゃった。お金を稼いでいくなかで、途中から夜の世界で働くことが、第一の目的になっちゃった。自分の中で大学生と夜の仕事が両立できていなかった。

父親がリストラされた高校時代から風俗嬢になる大学2年まで、山田さんは友だちと一緒にランチをしたり、遊びに行ったりできなかった。お金がないので、お洒落もできない。年に二度の学費納入が常に心の重荷となって、劣等感を抱えながらお金の心配ばかりしていた。

童顔で胸が大きく、容姿に恵まれていた。留学に行きたい一心で衝動的に風俗店に応募し、採用後に覚悟を決めて出勤した。蕎麦屋で働く1カ月分のバイト代をわずか1日で稼いでしまった。「すごい仕事を見つけた」と思った。

その後、すぐ月40万～70万円稼げるようになった。山田さんの通う大学は富裕層の子どもが多い。お金があることで、裕福な家庭で育った大学の友だちとも対等に遊びにいけるようになり、堰が切れたように欲しいモノを買った。学費が払えない、という重荷からも解放された。本当にいい仕事を見つけた、と思っていた。

カラダを売る自分はダメな人間だ、という感覚はなかった。ただ、夜の世界で仕事をしたことが、自分の中ですべてになってしまった。夜の仕事をしたことで大学に通えたし、留学もできた。お金がないっていう精神的な苦痛もなくなった。風俗が自分にとって、単なるお金を稼ぐための手段という以上の存在になって、自分が将来やりたいことを叶えていくための一時的な拠り所って方向には向かなかった。夜の世界が私の居場所になった。夜の私のことは、昼に会う人は知らないけど、そこで頑張って働いてお金を稼いでいるっていうプライドと本音があって、そこにしがみついてしまった。そんな感じがする。

うつむき、小さな声で喋る。いままでの自分自身を否定しているように聞こえた。

風俗で稼いだだけ、お金は使った

風俗をはじめたことでお金に困ることはなくなった。しかし、両親に風俗のバイトがバレないように月10万円の奨学金は借り続けた。奨学金はいままでどおりに学費の支払いに充てた。

大学3年になり、キャンパスが郊外から都内に変わる。それを機会に実家を出て、ひとり暮らしをはじめた。

大学もバイト先の風俗店も、遊ぶ繁華街も近くにある。悠々自適な大学生活を謳歌した。稼いだだけ、お金は使った。時には週10万円、月40万円くらいの買い物をすることもあったという。

大学3年の冬。就職活動をはじめたあたりから、徐々に精神状態が崩れだした。理由はいまの生活が継続できない不安である。社会人になって風俗を卒業すれば、収入は当然下がる。近い将来、収入が減り、いまの生活レベルが維持できなくなるのは確実であり、悩むことが増えた。風俗に足を踏み入れるキッカケにもなった、海外勤務ができる企業に就職したい、という初心もすでに心の中から消えていた。

そのころにはもう、いままでの自由気ままな生活がずっと続けばいいと思っていた。身が入らないまま就職活動を続け、大学4年の秋、やっと非上場の中小企業から内定をもらった。

奨学金は毎月振り込まれる。深く考えることなく、右から左に学費にまわしていた。借金ということは理解しつつも、その感覚は薄かった。

就職活動も終わった大学4年の10月、大学で奨学金貸与者を対象にした返済のためのオリエンテーションがあった。そのとき、利息を含めた奨学金の返済総額が600万円にものぼるという現実を知った。自分が契約しているプランを見ると、40代半ばまで返済が続く。社会人になってからの収入減だけではなく、600万円の借金返済も立ちはだかった。

大学3年からは講義を受けながら就職活動をしていたので、風俗で働く日数も減って、一時期よりもそんなに稼いでいなかった。ひとり暮らしをしていたし、学費以外のすべてを風俗で稼いだお金でまかなっていたから、そんなにお金は余らない。毎月振り込まれる奨学金は、生活費にはしてなかったけど、結局全部学費で使った。返済のオリエンテーションを受けてから、もうすごく、どんどん不安になった。内定した会社の初任給は19万円くらい。そこから税金や社会保険料などを天引きされて、手取りがいくらになるかと考えると、600万円なんてお金を払えると思えなかった。

ここで女子大生たちの話から頻発する、大学奨学金について説明しておこう。

それまで経済的理由によって就学困難な学生に学資の貸与をしていた日本育英会に、政府が大きなテコ入れをしたのは2004年だ。日本育英会が廃止されて、独立行政法人日本学生支援機構に改編された。

ここから〝大学奨学金〟は変貌する。日本学生支援機構は財政投融資や民間資金を財源にして、奨学金制度を金融事業として展開した。年利は上限3％、奨学金とは名ばかりで利子で利益をあげる金融ビジネスとなった。

金利は変動型で現在は0・01％という低金利で推移しているが、低金利時代が終われば上限3％まで跳ね上がる。厳格な運用が条件となっている融資にもかかわらず、親世帯の収入が低いことが認められれば、審査に通るという仕組みで、無担保のうえに債務者である学生本人の弁済能力は問われない。当然の結果として返還滞納が相次ぎ、問題になっている。

将来なんの職業に就くかわからない、働くことすらわからない高校卒業前の低収入世帯と認められた未成年者に有利子のお金を貸しつけるのは、どう考えても無謀だ。救済制度もほとんどなく、大学卒業後からはじまる月々の返済には容赦がない。3カ月間延滞したら民間の金融業と同じく、ブラックリスト（個人信用情報機関）に登録されて、債権回収の専門会社からの取り立てがはじまる。

奨学金の実態は学生ローンであり、支援や給付を想像させる聞こえのいい単語がビジネスに利用されたことになる。

日本学生支援機構の奨学金は、無利子の第一種と有利子の第二種がある。第一種は「特に優れた学生及び生徒で経済的理由により著しく修学困難な人に貸与」を行い、山田さんは有利子の第二種を月10万円借りている。元金の480万円に利子がつく。卒業と同時に自己破産相当の負債を背負って、社会人生活がはじまるのだ。

あまりにも問題がある制度だが、国が定めた制度なので親や高校の進路担当者は、進学を希望する生徒に気軽に奨学金を勧める。債権を背負う当事者は未成年なので、返済総額や利息率についてよく知らされないまま利用する。莫大な借金に気づくのは、山田さんのように返済日が迫った卒業直前、もしくは社会人になって返済を迫られてからとなる。

私は性の現場の取材が多い。カラダを売る女性は社会状況に直結するので、社会問題になるよりかなり早く、女性の傾向に現れる。風俗嬢やＡＶ女優から奨学金返済に頭を悩ませる話を、２０１１年あたりからぽつりぽつりと聞くようになった。

最初はよく知らない制度なので聞き流してしまったが、学生本人や連帯保証する親族の自己破産が相次いで、２０１５年に社会問題になり、政府もさすがに問題解決に前向きになっている。現在、年収３８０万円未満の世帯を対象に授業料減免や返済義務のない給付型奨学金が検討されている。

奨学金制度が学生を追い詰める

ここまで何人か登場した女子大生たちが語ったように、親の仕送りもなくアルバイトだけでは学生生活の維持ができない決して少数ではない女子大生は、学生生活を乗り切るための最終手段としてカラダを売っている。

要するに給付型奨学金や授業料減免など、足りないお金をどこかが補えば、その金額分だけは相対的にはすぐに効果がでる。効果とはその補塡された金額だけ、カラダを売ることはなくなるということだ。

女子大生たちのほとんどは、できれば最終手段には足を踏み入れたくない。望まない風俗勤務、売春をしている。その補塡された金額だけ、勉強や恋愛、部活やサークル活動など、別のことに時間とエネルギーを使えることになる。

たとえば、2017年度の医療費は、42兆2000億円と過去最高となった。過去最高となったのは75歳以上の後期高齢者の医療費が伸びたことが主な要因である。

大学生250万人、短大生12万人、大学院生25万人、専門学校生55万人として、現役学生の総数はおおよそ342万人。そのうちの1兆円を高等教育費にまわしたとすれば、ひとり当たり約30万円となる。ざっくりと親世帯が真ん中以上の中流以上の層を除いて、その金額を平均以下の低所得層の学生にまわしたとすれば60万円だ。

後期高齢者が孫のため、これからの日本のために自分の医療費の一部を教育費にまわせば、どう考えても若者の売春や風俗勤務、男子学生の犯罪は劇的に減少する。減少するだけではなく、本来の学生の姿に戻ることができれば、日本は変わっていくはずである。

どちらが社会的に有益か一目瞭然だが、世代間で分断しているので決してそういう社会にはならない。中高年世代、そして後期高齢者たちは、学生たちが明るく青春していると思っている。このままでは、高齢者がお金だけではなく、なにもかもを、孫世代の人生までも食いつぶしてしまう。

あまりにも明白な世代格差にウンザリしてきたので、山田さんの話に戻ろう。

大学4年の後期、自分は借金をしているって現実に気づいて、本当にすごく悩んだ。これから社会人になって1カ月20万円にも満たないお金で生活して、かつ借金まで返していけるとは思えなかった。そのころにプロダクションにスカウトされて、AV女優になることを勧められた。600万円のうち半分でも稼いで楽になろうと言われて、そうしたほうがいいって思っちゃったんですね。オリエンテーションを受けた当初は、昼間働いても風俗しながら借金を返そうと考えていたけれど、だんだんと、まとめて返して早く楽になりたいって気持ちが強くなった。結局、内定した会社を断ってAV嬢になってしまったんです。

奨学金返済の不安を煽ったプロダクションの説得にうなずいた。大学在学中、本当にAVデビューを果たしてしまう。

女子大生の年齢は18～22歳、短大や専門学生は18～20歳だ。アダルトビデオや風俗など、セックス産業では最も価値があって換金しやすい年齢である。スカウトやプロダクションなど、女性をお金に替える女衒的な業者は必然としてお金になる女性に近づく。業者は若い女性たちの事情を知り尽くしている。

女子大生や専門学生は奨学金を頼って進学して、借金という自覚がなく、卒業が近くなると現実に気づいて返済に不安を抱えること、また遅くても返済がはじまる社会人初月に混乱する傾向を知っている。

山田さんは幸か不幸か胸が大きく、男好きする童顔を持ち、セックス産業での商品価値は高かった。業者の思惑どおりに口説かれてしまっている。企画単体デビューとなる。巨乳女優として、それなりに売れた。結局、半年間で40本近くに出演している。

「いまでも混乱していて現実の整理がついていないです。ただ、ずっと借金を抱えるってことが不安でたまらなくて、AV女優になっちゃった。AV女優になったから、その稼ぎで300万円は返せた。それだけが救い。いまの返済額は残り300万円くらい。47歳で完済だったのが、32歳までに繰り上がった。やっぱり600万円は、とんでもない返済金額です」

返済額は月2万5000円だった。「ちゃんと就職して無駄遣いしないで、コツコツと返していけばいいじゃないか」というのは外野の意見だ。まだ、何者でもない若者に数百万円という負債を突きつければ、よほど地に足がついている若者以外は大なり小なり混乱して、合理的な判断はできなくなる。

奨学金制度は貧困家庭の子どもも高等教育の機会が与えられるように、という建前だ。しかし、逃げ場のない貧困家庭の子どもに自己破産相当の負債を背負わせて、高等教育を活かして貧困の連鎖を防ぐどころか、決して少数ではない学生をさらなるマイナスに向かわせているのが現実なのだ。

大学時代の奨学金友だちが2人いて、その子らも将来をあきらめています。真面目に考えるとおかしくなっちゃうから。ときどき憂さ晴らしでお酒を飲んだり、クレジットカードのリボ払いで買い物したり。3人集まると、将来の不安の話ばかり。結婚できないんじゃないかとか。私たち本当に不幸だねとか。卒業が近いころ、そのひとりから夜の仕事をしたいって相談された。デリヘルを紹介したので、いま、ＯＬをしながら風俗嬢していますよ。

精神的におかしくなるほどの不安を抱えて、自己破産相当の借金をして、挙げ句にカラダを売って——、そこまでして大学に進学する価値はあるのだろうか。借金して進学すれば、商取引と同じ投資であり、投資以上のリターンがないと歪みが生まれる。過剰投資となれば、破綻だ。

親が低所得なのに大学進学という選択に拍車がかかっているのは、高卒就職の激減が理由である。高卒の求人数は1992年の167万6000人（厚生労働省調べ）が、最悪時の2011年には19万4000人まで減少。人手不足が顕著になった2017年から急激に上昇して、現在は43万2000人に回復している。

1990年代前半と比較して9割弱が減った時期もあり、高度経済成長期やバブル期とはまったく状況は異なっているのだ。長年、高校卒業後の選択肢は大学か専門学校にならざるをえなかった。

高卒求人減によって大学や専門学校に誘導されて、そこでかかる学費は受益者負担の名のもとに上昇が続いている。1969年に年間1万2000円だった国立大学の学費は、現在は53万5800円だ。なんと44倍である。

世帯年収が44倍になっていれば、なんの問題もないが、1994年の664万2000円が現在560万2000円まで下落している（厚生労働省調べ）。収入における学費の割合が高くなって、親世帯は高等教育費を払うことができなくなった。

大学進学率はずっと上昇しているので奨学金利用者は右肩上がりに増えて、2012年に大学生（昼間部）の52・5％（2016年は48・9％）に達してしまった、という背景がある（日本学生支援機構調べ）。

若者の環境は最悪、と言わざるをえない。現在の中年以上の世代とは、まったく別世界を生きているのだ。

女子大生が風俗嬢に至るケースは、おおまかに2つに分かれる。

中学高校時代に奨学金のリスクを知って、カラダを売ることによって制度利用を回避する。また大学時代に気づいて最低限の利用におさえて、カラダを売って足りないお金を稼ぐと覚悟する。

もうひとつは深く考えずに親や教師に勧められるまま制度を利用して、返済が迫った卒業直前や返済がはじまった卒業後に現実を知って混乱する。返済が迫ってから高額バイトを探して、風俗店や水商売に駆け込む。そしてダブルワークする。

風俗や水商売に足を踏み入れる年齢は22歳が一番多いと言われている。この現状を見ると、奨学金の影響が大きいと思わずにはいられない。

ここまでの女子大生たちのケースからわかるとおり、親からの仕送りが少ない、まったくない学生は、一般的なアルバイトをしても必要な金額を稼げない。大学生にマイナスになるいくつもの政策と成長のない経済状況が重なって、結果として性経験や性格、家庭環境に関係なく、女子大生がどんどんと夜の世界へ流れることになっている。男子も同じで、ホストやキャッチ、スカウト、詐欺手伝いなどの闇の世界は男子大学生だらけだ。彼らはいつ逮捕されるかわからない日常を送っている。女子がカラダを売って、男子が犯罪に走る若者の貧困は、大きな社会的損失を生んでいる。

初めて就いた「昼」の仕事は非正規の事務

内定した会社を蹴った山田さんは、AV女優引退後、また一から就職活動をする気力はなかった。ハローワークに相談して、医療法人の事務職に採用された。

非正規雇用での病院事務でした。それが初めて就いた昼の仕事です。でも人間関係が難しく、給料も低くて拘束時間も長かった。毎日3～4時間の残業があり、土曜日も出勤があった。給料は手取りで17万円くらいでした。ひとり暮らしで17万円では、生きていくのは不可能。風俗は続けるつもりでした。でも、残業がある。夜の仕事と掛け持ちできない。全然、割に合わないと思いました。貯金を切り崩す生活をしていたけど、それもたずに半年で辞めました。

ひとり暮らしをしていたので、最低でも生活費は手取り20万円は必要だった。しかし、仕事を探しても非正規雇用の求人ばかり。必要な金額を稼げる仕事は見つからなかった。しばらく求職して、あるサービス業に採用された。

昼の仕事だけで借金を返済しながら生活していくには、もう最初から金銭的にしんどくて。悩むのを超えて、だんだん精神的におかしくなった。それなりに華やかで楽しかった学生時代に夜の仕事をしていたころと、最低限の生活もできない昼の仕事のギャップについていけなかった。あと自分が思っている以上に、自分が仕事できなかった。サービス業に就いて、覚えながらコツコツやっていいと言われたけど、新卒ではないし、向こうは私が仕事を経験してきていると思っていた。社会人としての基本があることが前提での中途採用だったけど、向こうが求めている能力が自分になかった。

大学1年のバイト以来の脱がないサービス業だった。上司や同僚に何度も注意されて、冷たい目で見られて、自分は社会人として一般常識に欠けていると自覚したという。

あいさつとか、言葉使いもおかしいし、接客の方法もわからなかった。自分がよかれと思ってやっていたことが、すべて間違っているように思えた。ちゃんとした社会人になるために大学に行ったはずなのに、私はなにをやってきたんだろうって、すごくショックだった。誰にも相談できずに悶々と悩んでいるうちにうつ病になりました。

お金の悩みに加えて、昼の仕事に居場所はなく、将来の見通しもたたない。まず、不眠がはじまった。朝起きることができなくなり、夜眠れなくなった。笑うことがなくなって、過食嘔吐を繰り返し、突然悲しくなって泣いた。

仕事のギャップと自分への悩みで壊れた。いままで自分が社会をなめていたって気づいて、もう一度ちゃんと働いたほうがいいと思った。働きたい気持ちはあっても、気持ちは落ち込んで仕事に行けない。貯金はなくなる一方で、でも返済は毎月やってくる。いろんなことが自分で消化できなくて、パニックになって、このままだと本当にまずいと思った。実家に帰れば、しんどいことがリセットできると思った。本当にやり直そうと決めて、親に相談した。結局、ひとり暮らしも仕事も辞めて実家に戻りました。それが半年前です。

母親に精神的な休息が必要と言われて、家族で話し合い、慌てずに実家でゆっくりと過ごすことになった。ひとり暮らしをやめて支出を減らし、なんとか昼の仕事だけで自立して生きていけるようにしたかった。

親が近くにいるってこともあって、甘えたのかな。実家に戻ったらこんどはお酒が拠り所になっちゃった。親は休みなさいと言うけれど、私は早く仕事見つけなきゃって焦った。働きたい気持ちと、それにカラダと心がついていかない現実がありました。

午前中に起きて、昼ごろから缶ビールを飲む。夕方から焼酎になって、一升瓶を空けてしまう日々。夜には泥酔しているので記憶はない。気づけば朝起きていた、という危険な連続飲酒を繰り返した。

コントロール障害です。いろんなことがグチャグチャになった。昼から眠るまでずっと飲んで、なにも覚えていない。ベロベロに酔って記憶がない。それが日常になって過食嘔吐が酷くなった。うつと過食嘔吐はひとり暮らしのころからあったけど、親にその状態を見られた。うつになるのも過食嘔吐も病気とは思ってなくて、親が泥酔して過食嘔吐する私を見て、おかしいことに気が付いた。それで心療内科に連れて行かれて、それから精神病院に連れて行かれて、そのまま入院です。

10月初旬、心療内科でアルコール依存症と診断。クリニックの医師は精神病院への入院を勧めた。10月25日、現在いる病院に入院した。

精神病院の入院はずっと寝ているわけではないんです。ＡＡ（アルコホーリクス・アノニマス、アルコール依存症者の自助グループ）に行ったり、認知行動療法って勉強をしたり、作業療法で物をつくってストレス回避したり。あと、アルコールについての勉強会とかに出ています。いままでストレスの解消の仕方がわからなかったのを、どうやったらまともな生活ができるのかってプログラムをずっと受けています。

まだ、大学を卒業して2年も経っていない。彼女はその間にＡＶ女優になって、メンタルを壊し、アルコール依存症になってしまった。海外への夢は、もう完全にあきらめている。

今後はわからない。入院も急すぎて、退院したら昼の仕事はするけど、続けられるかわからない。まったく自信がないし。最近勉強したストレス回避の方法を活かして、続けることができるかもしれないし、無理かもしれない。実家だから、月20万円あれば足りる。なんとか、最低限の収入がもらえる仕事を探したい。風俗とか売春はしないかな、わからない。いまは社会の常識的にしないほうがいいかなと思っています。

話を聞いたのは、病院近くの喫茶店で2時間くらいか。本人が言うように、本当にボロボロの状態だった。アルコール依存症は完全には治らない病気だが、軽度の状態で入院しているので克服できる可能性はあるようだ。

——こうなったの、奨学金のせいかな？

全部自分のせいだけど、やっぱり奨学金が大きかった。AV女優なんてどうしてしたのかと思うけど、しなかったら、もっと酷いことになっていたし、全部は否定できないかな。

3週間ぶりの外出だった。山田さんは「ユニクロで服を買ってから、病院に戻る」と言っていた。

不眠が続いて衝動的に首を吊った

大学生の親世代が青春時代を送った30年前と比べて、可処分所得が減って子どもに必要なお金を出すことができないという状態となった。そして、未来の日本のために子どもや若者たちに対して教育に投資するべき国も、奨学金制度、国立大学の運営交付金の削減による学費高騰、さらに定員の厳格化など、大学生たちの貧しさに拍車がかかる政策をどんどんと発動している。

当然の結果として、大学生たちが困窮に陥っていることは説明した。

自分たちが大学時代に幸せな青春を送った親世代、祖父母世代は、その苦境にまったく無理解のまま、自分たちの価値観だけで判断して若者たちをさらに追い込んでいるのが現状だ。

自分自身や日本のために高等教育を受けている最中の女の子たちが、大人に肉体を貪られて心身ともに疲弊するのは、〝苦学生〟などという言葉でくくれない本末転倒を超えた異常な状態だといえる。

なんの意欲もないです。着替えもできません。もう何週間もお風呂にも入っていないし、歯も磨いていません。ここにもやっと来ました……。

数カ月前に都内有名女子大を自主退学した石川美織さん（仮名、22歳）は、人混みあふれる繁華街で待ち合わせたにもかかわらず、寝間着姿で立っていた。髪の毛はボサボサでスッピン、全身から疲れ果てていることが一目で伝わる。まさにボロボロといった印象で、足元がおぼつかなく、歩調は遅かった。

人の視線が怖いようだ。ひっきりなしに向こう側から来る通行人とすれ違うと、時折おびえたような表情をした。明らかに正常な状態ではなく、なにかしらの精神疾患を抱えているようにみえた。これはダメだと思った。逃げ込むように待ち合わせ場所からいちばん近いカラオケボックスに入った。

かなり重い統合失調症です。大学はどうしても続けられなくなって、3カ月前に退学しました。退学と同時に生活保護を受けています。

説明によると、都内の住宅街でひとり暮らし、家賃は福祉物件で月5万3000円。毎月、家賃と合わせて14万円弱の生活保護費が振り込まれる。順調に学生生活を送っていれば、現在は大学4年生だ。しかし、病状は悪化の一途で学費のこともあり、退学を余儀なくされた。

都内の精神科に1カ月間以上、入院していた。退院から2週間、なにもする気が起きなかったという。本当になにもしないで、ずっと部屋で寝ていたようだ。

石川さんの現在のおおまかな1日のスケジュールは、昼12時ごろに起き、だるいので二度寝する。再び起きると、いつも夕方になっている。

カラダを動かすのも億劫で、トイレに行くのもやっとだ。部屋の片隅に座りながら、何時間もぼーっとしている。お腹が空いたら部屋にある物を食べて、適当な時間に精神科から処方されている薬を飲む。カラダが動くのは夜になってからで、目的なくテレビやインターネットを眺め続ける。朝方、倒れるように眠る。この2週間、それだけの生活を送っていた。

食事は隣にあるコンビニのおでんのみという。メニューから選ぶのも億劫なので、卵、大根、ちくわと注文するのは、いつも同じだ。隣にあるコンビニ以外には距離的に行く気が起こらない。本当におでんしか食べていない。

退院から入浴していないし、歯も磨いていないです。歯を磨かなくなったのは、もうだいぶ前で覚えていません。最近は着替えもしていない。理由は病気と薬の後遺症、本当になにもする気が起きないから。

唇を横にひらいて、前歯を見せてくる。上歯、下歯が何カ所も黒い。虫歯になりにくい前歯まで蝕まれていて、口全体がどうなっているのか想像がつく。虫歯だらけだ。

店員に飲み物と食事を注文しながら、今年前期まで在籍した有名女子大学の学生証と、生活保護費が振り込まれる通帳、〝お薬手帳〟を見せてもらった。入学前に撮影した学生証には、現在のボロボロの姿からは想像がつかない聡明な美少女が写っていた。

1年半前、大学3年の春にはバイトができなくなりました。だから病院の先生は、病気が治るまで生活保護を受けなさいって。病気は全然回復しません。最近は薬の飲みすぎで記憶がないことが多くて、生活保護を受ける直前は万引きで捕まりました。自分は洗濯物を取り込んでいたつもりだった。どうして知らない人に怒られているのかなって不思議だったけど、それは店の商品だったみたいです。記憶がないんです。

副作用の強い薬を飲んでいるようで、頻繁に記憶がなくなる。カラオケボックスの個室に入ると、挙動不審のような不安げな表情はなくなり、自分から話をしだした。そもそも、なにをキッカケに精神科に入院したのだろうか。

不眠が続いて、衝動的に首を吊ったからです。自分では制御できないし、正直つらいです。

想像を絶する話がはじまった。統合失調症は妄想や幻覚が起こる精神機能障害、脳の病気である。思考、知覚、感情、言語、感覚など、すべてに影響を及ぼして、異常な行動を起こしてしまう。服薬したからといって治るわけではなく、副作用でパーキンソン病やジストニアなどを引き起こし、取り返しがつかない状態になることもある。

自殺未遂は、彼氏に振られたことが理由でした。彼氏はコンビニの店長で、「しばらく連絡しないでほしい」って言われた。統合失調症だから妄想が出てきて、彼氏はトラブルがあって降格されたのかなとか、いろいろ考えた。言われたことを破って「大丈夫？」ってメールしてしまったんです。それで怒っちゃって振られました。自分は死にたいって気持ちはないのに、衝動的に首を吊りました。

振られたのは電話、口頭で言われている。深夜だったので自宅にいた。電話が切れてから無意識に近い放心状態でタオルを結んでロープをつくり、歩いて数分の近くの公園に行ったという。

誰もいない閑散とした深夜の公園、すべり台の柵に結んだタオルを引っかけて自分の首を通した。死のうと思って勢いよく地面に飛び降りて、首を吊った。のど元に衝撃と激痛が走った。ドンと地面に落ちた。

どうして助かったかというと、タオルが足りなくて、途中の一部分にジャージを使ったから。ジャージとタオルを結ぶと摩擦が少ないじゃないですか。重さに耐えられなくて解けてしまった。スポって抜けてバタンと落ちた。あ、失敗と思って、もう一度吊らなきゃと立ち上がったら、すごくのどが痛い。自分で救急車を呼んでレントゲンを撮ってもらったら、のどの骨にヒビが入っていました。

あまりに凄惨な体験に息を呑む。統合失調症は妄想や幻覚が激しくなって異常行動をする陽性症状と、無気力状態が続く陰性症状が繰り返される。現在は歯も磨く気力がない状態で、無理してここまで来ている。陰性症状だ。本当に首を吊ってしまう行動力は陽性症状といえる。

いま、彼女はまったくやる気の起こらないはずの陰性症状の中で、時間どおりにやって来たこと、それに言葉が過剰に多いことから〝話を誰かに聞いてもらいたい〟という強い意志を感じた。

お薬手帳に現在処方される薬があった。数えると、強い副作用がある向精神薬も含めて15種類。あまりにも多かった。どうして、そんな現在を迎えてしまったのか、過去にさかのぼって、ゆっくりと話を聞くことにした。

中3のときに志望校を京都大学に絞った

出身は関西、中学から中高一貫のかなりの進学校に進んでいる。

勉強は正直、かなりできました。中学3年のときに志望を京都大学に絞った。私、中学3年から高校2年の夏休みまで、ベッドで眠ったことがほとんどないんです。机の下で寝ていました。足を折りたたまないと横になれなくて、すぐ目が覚める。また、勉強できる。意識して睡眠時間をとらないで勉強する、みたいな生活を3年間やった。家庭学習だけで1日8時間以上でした。

学歴や大学のヒエラルキーにすごくこだわっていた。中学3年から大学進学の準備をはじめて、勉強一色の生活だったという。眠ることも惜しんで勉強して異常な睡眠不足が続いた。

状態が酷いときは家から駅まで徒歩5分程度、目をつむって眠りながら歩いている時期があった。あの子は危ないと近所で話題になるほどだった。母親は「おたくの娘さん、いつも放心状態で歩いているけど大丈夫?」と心配された。しかし、寝ないで勉強したのに成績は思ったように伸びなかった。

高校2年の夏休み前、河合塾の模試で京都大学がB判定だった。1年前に同じ模試を受けて、そのときもB判定だった。眠らないで勉強したのに成績が全然伸びなかった。それから、おかしくなりました。

勉強しようとペンを持つと、胸が痛くなって過呼吸になる。最初の異変だった。

夏休みはもっといっぱい勉強しようと決めたけど、過呼吸がはじまって宿題すらいっさい手をつけられなかった。2学期の始業式、どうしても学校に行きたくなかったけど、無理して行った。でも、教室に入れなかった。勉強する場所に行くと悪寒がしたり、震えたり、過呼吸になったり。それで保健室通いが翌年3月まで続きました。

病院に行くと「うつ病」と診断された。

自宅ではリストカットとフットカットが止まらなくなって、不眠がはじまった。精神疾患を自覚するようになって受診し、処方された薬を飲むようになった。服薬しても、朝時間どおりに起きることができない。高校2年の夏休み以降、一度も教室に入ることができないまま、3年に進級した。

家庭に問題があった。父親は横暴な人物で、母親は父親のモラハラで精神疾患になっている。兄と姉は高校を卒業して逃げるように実家を出て、勉強ができなくなった彼女は自宅でリストカット、フットカットを繰り返した。

当時、私にはかなりのリストカット、フットカット傷があって、父はそれを眺めて「本当に死にたい奴は、そんなところ切らねえ」って怒鳴った。「死にたくて切っているわけじゃない」としつこく言ってきて、「違う」って言い返しても「死にたいみたいなアピールして、みんなの注目浴びたいだけ」みたいなことを言って、とにかく責められた。娘が苦しくて傷だらけなのに、どうしてそんなことを言うんだろうって思った。SOSを出しているのにって。

高校3年の夏、両親は離婚。精神疾患になった母親は家を出て生活保護を受けて、石川さんは父親とのふたり暮らしになった。子どもに興味のない父親との生活はストレスが増えるばかりで、勉強はできなかった。

成績は急降下。偏差値は圧倒的に足りなくて、目標としていた京都大学を受験できるような状態ではなかった。そこで東京にある私立女子大に志望大学を変更して、無事に合格して進学した。名門と呼ばれる有名女子大だ。

私大進学に反対だった父親は、学費以外は全部自分で稼ぐ条件で渋々学費を出した。女子寮に入り、日本学生支援機構から月11万3000円の奨学金を借りた。アルバイトで最低数万円は稼がないと、学生生活は送れない。

東京に来てから状態が本格的に悪くなりました。順番に言うと、大学1年から2年の夏までは過食症。2年の夏から4年の春まで、うつ。4年の春からいまが統合失調症。うつ病になった経緯は、サークル週3、学校週5、深夜バイト週4でした。牛丼チェーンで人手が足りなすぎて、勤務時間がどんどん長くなった。最終的に週4日は眠る時間がない日ができて、過労と睡眠不足でカラダが壊れてしまいました。

大学生になって過食症になった。一度の食事で菓子パンを30個以上、食パンを3斤食べるという。膨大な食費がかかる。食べるために、さらに働かないとならなくなった。奨学金ではお金が足りなくなって、牛丼チェーンでアルバイトをはじめた。チェーン系のサービス業はどこも深刻な人手不足に陥っている。

サービス業の本部は、学生生活を送るためにお金が足りない学生が膨大に存在することをよく知っている。人手不足対策として、お金に困っている学生を口説いて1日でも、1

時間でも多く働かせようとする。過労や長時間労働で壊れてしまえば自己責任で、切り捨てて別の学生を口説くことになる。非正規の使い捨てだ。

若かったから週4日眠れなくても、ギリギリ学生生活はできていました。1年間くらい続けて、だんだんと体調がおかしくなってきて、最終的に忙しいのに不眠症が酷くなった。寮を出て彼氏と一緒に住みはじめた。毎日、まったく眠れない。彼が寝てから夜中3時くらいに24時間営業のスーパーでリキュール買って、朝までかけて1本全部飲んでも全然酔えなくて眠れないって状態です。もう昼夜逆転して学校も休みがちになって、バイトも続けることができませんでした。時間どおりの仕事ができなくなった。クビです。それで、出会いカフェで稼ぐようになりました。

結局、売春に手を出してしまう。

出会いカフェとは首都圏の繁華街にある男女の出会いの場で、どこも売買春の温床になっている。働く時間が決まっていない個人売春は、収入を得るための最終手段で、精神疾患でいつ体調が回復するかわからない女性が出会いカフェをよく利用している。女性は出入り自由で、男性との交渉も自由だ。体調がいい瞬間を見計らって、来店し、生活費を稼ぐために売春した。

グレー産業に流れる学生たち

説明したとおり、貧困は犯罪や売春に直結している。キャバクラは当然、風俗店、AVプロダクション、ソープランド、出会いカフェ、JKビジネス、SNSなど、現役女子大生は本当にどこにでもいる。

男子学生もまったく同じだ。キャッチやスカウト、ホスト、犯罪行為の手伝いなど、現役男子大学生が続々と単価の高いグレー産業に流れている。私も取材を通じてかかわりがあるが、反社会勢力とつながるグレー産業は、とことん刹那的なので目先の利益だけにこだわる。これから長い人生を生きていかなければならない大学生が足を踏み入れる世界ではなく、彼らにとってマイナスでしかない。

男子も女子も、学生たちは学園内での口コミがキッカケでアンダーグラウンドな世界に足を踏み入れる。

石川さんも大学の同級生に風俗嬢がいて、風俗勤務を勧められている。不眠でバイト先をクビになり、同級生にお金が足りない現状を相談したとき、「ソフトな風俗は楽だよ」と教えられた。インターネットで探して、何店か面接に行く。過食症で太っていたこともあり、風俗店は採用を断られた。最終的に売春目的で出会いカフェに通うことになる。

カラダが動くときに渋谷とか池袋の出会いカフェに行って、値段は1万円とか2万円とか。門限を守らないから寮にもいられなくなって、カラダを売ってなんとかお金を貯めて、いまの部屋に引っ越しました。

見知らぬ男にカラダを売り、健康状態はさらに悪くなった。不眠はもう一段階悪化して、もう起きてしまったら、次はいつ眠れるかわからなくなった。精神科に通うようになって、苦しい窮状を訴え続けた。処方される薬は、だんだんと増えた。

出会いカフェでカラダを売る生活は3カ月で限界となった。どんなに健康状態が悪くなっても生活を続けるためには、お金を稼ぎ続けなければならない。来週、来月は無事に生活ができるだろうかという不安が強くなって、幻聴がはじまった。

石川さんはこのときにも、恋人宛てに遺書を綴って恋人の部屋で首を吊る、というトラブルを起こしている。

どうして、そうなったのかわからない。出会いカフェに行こうとすると熱が出るようになって、毎日、毎日、死にたいと思うようになった。原因がわからない。まず耳元で「おまえはもう社会の役に立てないから、死んだほうがいい」みたいな声が聞こえて、本当に怖い。幻聴です。それが聞こえないように、ワー、キャーと大きな声で叫んで、叫ぶと幻聴はもっと大きくなる。もうひとりじゃどうにもできない錯乱状態で、その延長の自殺未遂でした。たまたま、彼氏がいたので助かりました。

大学3年の夏には学生生活どころか、普通に生きることも危うくなった。なにもできなくなった。

統合失調症の陽性症状では幻覚や幻聴に苦しみ、陰性症状にある現在は、まったくの無気力状態だ。これまでは恋愛や異性に頼った。サークルの先輩、出会いカフェで知り合った介護福祉士、自殺未遂のキッカケとなったコンビニ店長など、知り合った男性に依存しながら、なんとか生きてきたが、それも失った現在はもはやギリギリの状態だ。異性に頼りたくても、入浴しない、歯も磨かない状態では、そもそも異性は近づいてこない。

この前、入院の直前ですね。体調的にとても病院に行くことができなくて、一度薬を切らしたことがあった。金曜日に薬がなくなって月曜日まで薬がない、って状態になった。恐ろしいことが起こりました。ずっと玄関のドアをドンドンドンドンって叩かれて、ああー！ って女の叫び声が聞こえて、何？ と思って、玄関ののぞき窓をのぞいた。そうしたら首から上のない人が2人いて、お母さんと子どもみたいな。そうしたら玄関がぐにゃって変形して、私の腕から虫が湧いてきて、虫が湧いているのに2人の手が伸びてきて錯乱状態になりました。

二の腕にいくつものひっかき傷があった。虫が湧いて錯乱したときの傷だった。生々しい話にゾッとする。彼女は現在進行形で闘病中なので、いまも向精神薬を切らしてしまったら、このような壮絶な幻覚に襲われることになる。

話は終わった。まだお腹が空いているようでひっきりなしにピザを食べて、2時間くらいの間に1箱以上のタバコを吸っていた。

奨学金の借金が500万円くらい。今年中に自己破産します。もう一度勉強して、志望する国立大学に入って人生逆転したいです。もうラストチャンスと思っていて、早く勉強をはじめたい。いまは体調的に無理だけど、落ち着いたらすぐに勉強をはじめます。

食べながら自分なりに前向きな希望を話していた。学歴や大学に対するこだわりは変わらないようで、もう一度いい大学に入ればなんとかなると思っているようだった。

仮に受験前に病状がよくなりなんとか入学できたとしても、アルバイトで生活費と学費を稼ぐのは難しい。自己破産を今年中にするようなので、奨学金やローンはもう使えない。なんて声をかけていいのかわからなかった。

激増する精神疾患患者

飲んでいる薬があまりに多量だ。それぞれに危険を匂わせる副作用の可能性が書いてある。この処方で、大丈夫なのか？ と心配になったので、彼女に許可をもらって、お薬手帳の現在の処方箋の写真を撮って知り合いの薬剤師に見てもらった。

一度にこれですか。睡眠薬が重なりすぎて、信じられない状態ですね。ふらつくとか、カラダがだるいとか死にたいとか、言っていませんか？ 注意力も低下しますし、副作用で胃障害、肝障害起こしそうですし、便秘もかなり酷いでしょうね。だから胃の薬も便秘薬も出ていますが、これらを飲むことでマイナスになっていないのか心配になります。

薬剤師は驚いていた。現状、自殺願望はなく、無気力で過食症ぎみだったことを伝えた。

いま、自殺願望がないなら陰性症状かもしれないですね。過食に加えて太りやすくなる副作用もありますから拍車をかけそうですね。典型的な処方カスケード（薬の追加が悪化を招くこと）な気がするので減薬できればいいように思います。年齢や体格、既往歴、肝腎機能、治療経緯がわからない中でコメントは難しいですが、病院を変えることも選択肢に入れてみてはいかがでしょうか。いったいどこから手を付けて取り組めばいいのか私にはわからないくらいです。しかし、本当に不安が強くて、強く強く不眠を訴えられたのでしょうね。いい方向に行ってほしいです。

後日、薬剤師のアドバイスをメールで伝えたが、返信は来なかった。

大学生をやり直す希望を持っていたが、副作用の強い薬を浴びるように投与している中で、立ち直ることのできる理由がない。このまま一生、生活保護を受けながら苦しみ続けるのだろうか。

貧困取材で、深刻な問題として立ち塞がるのが精神疾患だ。精神疾患だと働くことに壁ができてしまうので、貧困から抜けだすのが困難になる。

うつ病などの精神疾患患者数は1999年の204万1000人から2014年の392万4000人へと激増している（厚生労働省調べ）。

精神疾患は過労や対人関係のトラブル、離婚など、精神的なストレスが原因である。患者激増の背景には虐待の増加や、デフレによる労働環境の悪化がある。石川さんも人手不足による非正規サービス業の長時間労働が最終的なスイッチとなって、奈落の底に落ちるような症状に苦しむことになった。彼女はどう見ても社会復帰ができる想像はつかないので、国は回復するまで生活保護によって彼女を支えなければならない。

石川さんのような壮絶なケースを目の当たりにすると、2000年代に猛威をふるった長時間労働で人材を使い潰したブラック企業は本当に大変な問題だったのだ、と憤りをおぼえる。時代の寵児としてベンチャー経営者が持てはやされて、ブラック労働が蔓延し、うつ病を激増させた。いま思えば、不景気で沈んでいた日本を、さらに加速度をつけて陥れた大きな原因だった。

実は、私は以前、貧困層をターゲットにしたレスパイト型（デイサービスとショートステイ）の介護施設の運営でブラック化させたことがある。だから、恐ろしさがよくわかる。自分がしたことを簡潔に説明すると、お泊まりデイサービスという低賃金層に向けた24時間営業の介護事業をしたことによって、労働基準法を逸脱せざるをえない状態に追い込まれた。

スタッフは次々とおかしくなり、最も介護度が高かった事業所では、1年以上働いて健康を害さない者はいない。全員、精神状態がおかしくなった。いま思えば、2000年代のブラック労働が称賛された流れに乗ってしまったことになる。

最終的には手伝ってもらった妻がうつ病になって、家庭がメチャクチャになり、元の状態に戻るまでに2年くらいかかった。人は長時間労働によって、体力的・心理的な負担がかかると、簡単に壊れてしまうことを知った。私は会社と事業所を潰した。

２０００年代のブラック企業問題は、大手服飾メーカーや居酒屋チェーンが新卒採用した若者を次々と潰したことでやっと大問題となった。家庭だけでなく、国と地域が投資をして育ててきた若者が一企業の利益のために潰される、ということが許されるはずがない。彼らが名指しで非難されたのは至極まっとうなことだった。

うつ病を筆頭に精神疾患になってしまうと、働きたくても働けなくなる。家族や親戚、また福祉制度など、なにかしらのセーフティネットに頼らない限り、当事者は生きていけない状態に追い込まれる。セーフティネットにたどりつかなければ、深刻な貧困状態となる。ブラック労働をさせない予防は、社会には絶対に必要なことなのだ。

母親から虐待を受けて、うつ病に

最近、また死にたいって気持ちが強くなって……けっこう、しんどいです。

高坂美咲さん（仮名、25歳）は、表情を変えぬまま、そんなことを言いだした。10代半ばでうつ病を発症、現在も「死にたい」気持ちが治まらない希死念慮と闘っている。外見は年齢相応の女性だったが、表情に喜怒哀楽がないのと、眠れていないのか、若干表情が疲れているのが気になった。

働きたい気持ちはあるけど、精神疾患があるので働けない。しばらく就活して、内定をいただいても辞退みたいなことを繰り返していました。ずっと家にこもっている生活でしたが、今年の初めに担当医から「週2～3日ならば働いてもいい」と診断されたので、2カ月くらい前まで派遣で外資系企業の英語受付をやっていました。でも、解雇になってしまいました。

契約解除の理由は「大声でわめき散らした」ことのようだ。本人的には理不尽な不当解雇だったようで、「私、そんなこと絶対にしていません」と、彼女は言う。

不合理に人を動かしてでも利益を上げなければならない会社は、精神疾患を抱える人材は雇用したくない。言った言わないのトラブルは、どこの会社でもある。彼女だけではなく、精神疾患を持つ人はトラブルが起こりがちで、おそらく高坂さんは働いているうちに精神疾患を疑われたのだろう。会社側から理不尽な仕打ちを受けるのは、想像がつく。

精神疾患を疑われると、まず職場全体から嫌われる。当事者はもともと精神疾患で苦しんでいたのに、さらに苦しむことになる。契約解除後、精神状態がさらに悪化して人に会える状態ではなくなった。何週間か経ってようやく新しい仕事を探すために求人情報サイトをチェックできるようになり、なんとかこの取材にも来ているという状態だった。

表情が落ち着かない。駅前だったので人が多かった。周囲に人がいるのが苦手なようだ。カラオケボックスに移った。

13万円台の金額が書かれた生活保護受給明細と、学校の卒業証書を見せてもらう。超高学歴だった。名門として有名な国立中高一貫校（偏差値75）から某国立大学、アメリカにある大学院を卒業している。昨年秋、大学院修了で帰国して、ほぼ同時に生活保護を受給している。

「生活保護を受けて、だいぶ精神的に楽になりました。それまでは父に援助をしてもらっていて、お金の関係があるといつ母が襲ってくるかわからないから……」

中央線沿いの古いアパートでひとり暮らし。大学院までは学費と月10万円ほどの生活費の援助を受けていたが、帰国をキッカケに親との関係を断ち切って生活保護を選択したという。母親が過保護、過干渉の毒親で、精神疾患の原因になっているようだった。

大学院時代も体調は悪かったですが、日本に帰って親元で暮らしたらたぶん死ぬと思いました。保健師さんに相談して、生活保護の道があるって教えてもらいました。受給は昨年10月から。甘えていると思ったことはないです。ただ精神的に不安定な生活は不安ばかり、だからなんとか社会復帰したい。働こうと一歩を踏みだして失敗しましたが、あきらめないで頑張るつもりです。

昨年、日本に戻って生活保護を受けた高坂さんは、厳しい生活を送っていた。うつ病の症状は重度で、体調が悪くなるとカラダはまったく動かなくなる。なにもできない。

昨年と一昨年は、すごくしんどかった。ベッドから出ることができない生活でした。大学院時代の後半からそんな感じで、2年間くらいは大げさではなく、寝たきりみたいな生活だったかもしれません。

症状が出ると常に倦怠感がつきまとい、カラダは動かないという。なにもすることができないので、ベッドの中で何十時間もじっとしている。心の中から死にたい、死ななきゃならないという気持ちが湧いてくる。絶望感だけが強まり、時間ばかりが過ぎていく。

悪化する理由はわかりません。わかっていたら治っています。頭の中はひたすら〝しんどい、しんどい、しんどい〟か〝死にたい、死にたい、死にたい〟という状態で、お風呂にも入れません。昨年は1カ月間まったくお風呂に入らない時期もありました。でも、食べなかったら本当に死んでしまいます。前兆があって、その状態になるのはわかっているので、食料を買い込んでベッドの横に置いて、餓死しないように準備しておくんです。

餓死も想定内で、ベッドの横に水と、バナナやチョコ、ナッツを置いている。体調が悪くなると食欲がなくなる。空腹で食べるしかないという状態になるまで動くことができない。限界が近くなったとき、気力を振り絞って横にある食料を口に運ぶという。

絶食みたいな状態は2日間くらいが限界。だから体調が悪くなると頭痛がしたり、吐き気がしたり、死にたい気持ちと格闘してフラフラになる。死にたい、死なきゃならないって指令が脳からくる。薬を飲んでもよくはなりません。気持ちの浮き沈みが激しいと本当にもたないので、普段からうれしいことがあってもあまり喜ばないとか、気持ちをコントロールするようにしています。

20代の若者の重い精神疾患には、本当に同情する。キャリアを積むのに最も重要な時期を棒に振ってしまう。立ち直るのには膨大な時間が必要になる。それに社会資源を失ったうえに、生活保護となると、国の負担も重くなる。

症状が酷かったのは昨年で、一度も笑った記憶はない。

――お母さんと何があったの？

母親のＤＶがそもそもの原因かと思います。

母親から虐待をされたようだ。ＤＶの具体的なことを聞こうとすると、無表情のまま頭をかかえてうずくまり、「うぅ」となる。消えている記憶を、脳の奥から無理やり引っ張り出しているかのように見えた。

いろいろあったけど、幼いときのことで覚えているのが、公文の宿題をやっていなかったとき。母の思うように進んでいなかったみたいでイスを振り回されて、イスが壁に当たってものすごい音を上げて壊れました。すごく怖くて、頭が真っ白になりました。母はビンタとか蹴り飛ばすみたいな暴力以外に物を投げたり、包丁を突きつけたり、「殺す」とか「殺してみろ」みたいなことを絶叫することがよくありました。

父親は世界的に有名な一部上場企業の社員。幼稚園時代に家族揃ってアメリカへ海外赴任したが、見知らぬ土地で母親の精神状態が悪化した。その後、父親は単身で残り、家族は日本に戻っている。

母親にはエリート志向があり、小学校は有名私立小学校に進学、中学受験を突破して最難関の国立中高一貫校に入学した。小学1年から公文、小学3年から受験に特化した学習塾に通い、とにかく勉強をさせられた。

母は成績が悪かったり、宿題をやってないとき、怒っていたっていうか発狂して暴れていました。単身赴任家庭で母がノイローゼになることはよくあること。たぶん母が心身を崩したことが、そもそもの原因だと思う。

家庭での暴力だけでなく、小学校でもイジメられた。男子には暴力を振るわれ、女子には物を隠され、無視された。地獄だった。学校だけでも地獄から逃げようと必死に勉強して、最難関国立中学合格までのモチベーションになった。平和な学生生活を期待して最難関校に進学したが、中学校では同級生からさらに酷いイジメに遭った。そして、うつ病を発症する。

進学した中高は精神疾患の子だらけでした。本当に異常っていうくらいの状況でした。中学3年になるとクラスの女子の半分くらいがリストカットして、学校側はリストカットする生徒の名簿をつくっていた。私、自傷はしないので三者面談で先生が「あなたの娘さんは、精神状態は大丈夫です」みたいなことを言っていました。

親の大きな期待を背負わされ、小学生のときに遊ぶことなく、ひたすら勉強をしてきた子どもたちだ。偏差値75の出身校は毒親育ちの子どもが多く、クラスの半分以上が心身の状態が悪かったという。教師の目の届かないところでイジメも蔓延していた。

私みたいな重篤な状態ではないですが、中学時代から同級生はほぼ精神疾患の子ばかりです。知っているかぎりは、実家住まいか結婚して専業主婦で、働いている同級生はいないです。精神的に問題があるので社会にとけこめないんでしょうね。本当に恐ろしい環境にいたと思います。たぶん、みんな親からそれなりのモラハラだったり、DVだったりを受けていたと思う。だからストレス発散のためのイジメがすごくなる。

イジメの内容はからかわれるだけでなく、無視される、汚物扱いされる、物を隠される、唾をかけられる、暴行を受けるなどだった。学校は荒廃していて、自宅に戻っても母親が壊れてしまっている。海外赴任から帰国後も母親の状態は改善することはなく、成績が悪い、行動が気に食わないと、彼女への虐待は酷くなるばかりだった。

SOSを聞いてくれる人はいなかった

彼女は薄く、無に近い表情で淡々と話していた。たぶん向精神薬の影響か。途中、同行する女性編集者が「中学時代の男子は、高坂さんのこと好きだったんじゃないの」と言った。彼女はその言葉を聞いた瞬間に表情が引きつり、泣き出してしまった。悪気のなかった女性編集者はとっさに謝っている。女性編集者が軽口を叩き、突然泣き崩れたので驚いた。

大丈夫です。はい。「好きだったんじゃないの？」みたいに軽く流されることが、ずっとキツかった……。イジメは本当に酷くて、相手が男子だといつも「好きなんじゃないの？」って適当に流される。それはツライものがありました。精神が本当に壊れそうだった。先輩に相談したときも、「学費は親が払っているんだから、卒業までは我慢しないといけないんじゃないの?」とか、塾の先生には「それは、どうしたらいいかわかんない。ごめん」って言われたり。なにも対策が取れず長期化してしまったのが、病気が悪化したいちばんの原因かと思います。

母親からの虐待、学校でのイジメで精神が壊れた。ギリギリのときに何度か周囲にSOSを出したが、誰も聞いてくれる人はいなかった。ずっとツラい環境だったが、本当に限界を超えたのは高校2年のとき。死にたい、死ななければならないという希死念慮がはじまって、一度だけ学校の屋上から飛び降り自殺未遂をしたことがある。金網を越えて飛び降りようとしたとき、先生と生徒に止められた。

死にたいって気持ちが出てきて、それが強固になったのが高校2年。高校3年のときは精神病院の閉鎖病棟に入院しました。強い薬を投与されて、そのころのこと、それと大学時代はあまり記憶がありません。

本当に記憶がないようで、覚えていることを聞いた。

学校に行けない。登校しても授業を受けられない。授業を受けても薬の副作用で目がかすんで黒板の字が見えない。同級生は続々と東大、京大に進学したが、薬の副作用で満足に勉強ができなかった彼女は、難易度が低めの国立大学しか合格しなかった。

　大学時代は病気との闘いで、いまとあまり状況は変わらないです。浮き沈みがあって、症状が出ると1カ月間起き上がることができないとか。同居している母は心からうっとうしそうで、私もとても親とは思えない状態で殺意を覚えたこともあるし、最終的に縁を切ることを決めました。それで親と離れるためにアメリカの大学院に進学して、帰国後に人を介して絶縁したい意志を伝えました。

母親に最後に会ったのは3年前、アメリカに旅立った日だ。家を出るとき、母親は笑顔で見えなくなるまで手を振っていたが、悲しそうだった。でも、彼女はもう一生会いたくないと思っていた。

大学院修了後、自治体の保健師に精神疾患のこと、母親に虐待を受けていたことを伝えて相談した。生活保護の申請をすると、すぐに受給が決まった。

まったく明日が見えない話だったが、彼女はまだ25歳だ。母親と絶縁して助けてくれる家族がいない中で、あと数十年を生きていかなければならない。

父から金銭的な援助を受けているときは、やっぱり将来的に母に会わなきゃいけない日がくるんじゃないかと、それが怖かった。だから体調も悪くてしんどかった。生活保護を受けてからホッとして通院もできるようになって、なんとか働けるかもって可能性が見えてきました。

生活保護費は月13万円程度。家賃、光熱費、携帯代を差し引くと5万〜6万円しか残らない。精神状態が悪化して一歩も外に出ることができない月は、お金は余ったが、就職活動をするようになって足りなくなった。

私、学生だったのでスーツを持ってなかった。やり直すためにはそれなりの経費が必要で、シャツとかも買わなくてはいけないのでお金が足りませんでした。たとえば海外だったら、貧困者や受刑者にスポーツメーカーが在庫の売れ残りを提供するとかあるんですよ。日本もそうなればいいなって。

偏差値75の有名国立高校出身で、さらに大学院進学までした彼女は、現在の生活保護のままではまずいと自覚している。精神疾患から解放されて、普通の女性に戻りたいという強い意志はあった。

派遣の契約解除になってしばらくしてからボランティア活動に参加して、再就業の前に少しでも外に出る機会をつくっている。

先日、母親から手紙がきていた。父親が住所を教えていた。差出人の名前をみたとき、一瞬息が止まってカラダの震えが止まらなくなった。封を開けないでゴミ箱に捨てた。

母には一生会いたくない――。

精神疾患をなんとか治して立ち直って生きていくために、最低限それだけは実現させたいことだという。

第3章

明日、一緒に死のう。死ぬから……

貧困家庭の親で子どもの教育に前向きなのは一部だけだ。かなりの割合で子どもの教育に興味がなく、自分でなんとかしろと自立を迫る。

一般家庭の人々とは思考が違う。来月再来月を乗り切ることしか考えられないので、子どもの教育のような長期的展望に気を向ける余裕はないのだ。

私の身近にも貧困家庭の世帯主や、家族で生活保護を受給する知り合いはいる。

彼らは日々を生きていくだけで精一杯で、総じて子どもの教育には本当にまったく興味がない。

さらに彼らは、子どもの大学や専門学校進学は当然、公立高校進学すら正々堂々と渋る状態だ。

知る限り、そういう貧困家庭で育った子どもは、中学生くらいから深刻に病んでいく。

身近で立ち直りようがないほど壊れていく子どもを何人か見たが、心の中で同情しながら黙って見守るしかなかった。

親は誰もが子どもの未来を案じている、といった性善説は現実的ではない。

ここまで現役女子大生、元女子大生、元大学院生の6人の女性が登場したが、そのうちの5人が性風俗や売春を経験して、3人が精神疾患に苦しむという壮絶な内容になってしまった。

取材は主に東洋経済オンラインに応募のあった女性にランダムに会っている。風俗嬢や精神疾患の女性を選別しているわけではない。ある程度は予想していたが、女性の貧困を取材していくと、当たり前のように売春や精神疾患につき当たる。

貧困女子大生たちの話から見えるのは、そこに転落する原因は親が低収入、親の離婚、親の虐待、経済的虐待などで、国の制度や中高年世代の無理解、自己責任論がその状況の悪化に拍車をかけていた。

政府は2020年から住民税が非課税となる低所得世帯を対象とした高等教育の無償化をスタートさせる。好材料はそれくらいで親の収入、離婚率、虐待など、貧困に直結する問題は高止まりしたままだ。さらに貧困層の実質賃金を下げる政策である消費税増税が控えている。

この数年間で貧困問題は大いに注目されるようになり、少しずつ改善に動いている。世間にインパクトを与えたのは、厚生労働省「国民生活基礎調査」の結果だった。17歳以下の子どもを対象とした「子どもの貧困率」が2012年は16・3％、2015年は13・9％と発表された。

なんと7人に1人の子どもが貧困状態であり、ひとり親世帯になると50・8％と半数を超えていて、貧困率はOECD加盟国35カ国中ワースト10位、ひとり親世帯に限ればワースト1位という。

この悲惨な結果が社会的注目を浴び、2013年には「子どもの貧困対策法」が制定されることになった。現在進行形で各自治体やNPOなどで、「こども宅食」などの活動が広がっている。

子どもの貧困は〝苦学生〟という枠だけでは、おさまらないのだ。

寮付きの工場で働く25歳

待ち合わせ場所に青い顔をしてやって来た原田萌さん（仮名、25歳）は、典型的な子どもの貧困のその後を生きる女性だった。抜けだしようのない苦境に陥っていた。さまざまな要因がからみあって生成される貧困は、データだけでは測れないそれぞれの個人の苦しみの物語だ。ひとりでも多くのケースを目撃することが必要といえる。

「地元を出たのは2年前です。いまは埼玉県で寮付きの工場で働いています。なにもかもあきらめているので、死にたいみたいなことは思わないかな。けど、まともな生活ができないので、正直毎日が苦しいです。

原田さんは、淡々と語る。一貫して表情はあまり変わらない。精神的な病の有無を訊ねてみると、申し訳なさそうにうなずいていた。本人は「なにもかもあきらめている」と言い、その言葉を裏付けるかのように年齢相応の若さも喜怒哀楽もなく、本当にただ生きているという感じだった。

現在はある工場の仕事に就いている。東京に隣接する埼玉県に工場や倉庫は多く、全国と海外から労働者が集まっている。勤める工場がなにを製造しているかは伏せるが、ラインで工業製品を組み立てる簡単な作業のようだ。

東北の地元にいるころ、うつ病を患った。2年前に知らない土地に出稼ぎに出てから、さらに症状は悪化している。精神疾患が理由で二度転職を余儀なくされて、工場が変わるたびに時給は下落した。現在は時給1050円、派遣工員の最低水準で働いている。

時給が下がってからは、工場の給与だけで生活はできていない。この1年間は生活苦のため、池袋のデリヘルでバイトをしている。

彼女は若いが、売れるようなタイプではなかった。所属の店名を聞くと、採用基準の低い格安デリヘルだった。仕事が終わったばかりというので、財布を見せてもらう。風俗は完全出来高制で報酬は日当で支払われる。1000円札が5枚しかない。このうち400

0円が今日稼いだ報酬だという。

風俗は嫌ですよ。知らない男性と2人きりでいるのは、本当に耐えられないです。気分が落ち込んだときは、特にツライ。

1日の報酬4000円は絶望的な安さだ。拘束時間を含めた時給で換算すれば、最低賃金の基準を下回る。4000円は交通費と夕飯程度でなくなる。

繁華街で看板を掲げて人を呼び込む店舗型とは異なり、看板のないデリヘルは集客が難しい。価格を下げたのに集客ができないとなると、もう致命的で誰もが儲からない八方塞がりとなる。

そのような経営の厳しい価格1万円以下の格安デリヘルは膨大にある。現在、風俗店の過半数以上を占める格安店のほとんどは、そんな状態かもしれない。もうだいぶ前から性風俗は価格のデフレ化によって、稼いでいるのはひと握りのスペックが高い女性だけだ。誰もが高収入を得ることのできるセーフティネットとして機能していない。

工場の給与は手取り11万円ほど、デリヘルでの収入は月2万～3万円。寮の家賃は4万5000円で、手元に残るのは9万円程度。精神状態が悪いので仕事を休むこともたびたびで、さらに数年前に契約した新車の軽自動車のローンと、金利しか払えていない100

万円に近い消費者金融の借金を抱えている。車を手放し、最終手段であるカラダを売っても貧困状態から抜けだせない。

地元に仕事はない

地元は東北地方のある県で、平均賃金や最低賃金の都道府県比較では圧倒的な下位で、とにかく仕事がないという。安定しているのは公務員くらいで、一般市民が他県に出稼ぎに出るのは、親や祖父母の世代から決して珍しいことではなかった。

「学歴は高校中退、10代はフリーターでした。突然将来が不安になって、21歳のときに介護施設に就職しました。そのときは正社員だったけど、仕事が嫌でうつがはじまった。2年が限界でした。半年間、なにもしないで失業保険をもらって、期限が切れるころに派遣会社に登録しました。派遣会社から『地元を出ないと仕事はないですよ』と言われて、北関東の工場に出稼ぎです。それが2年前です」

家庭環境は複雑だった。母親のいない家庭で育ち、2年半前に祖母が亡くなってそれから地元を出ている。しばらくして障害者だった父親は自立できなくなり、自分で契約して介護施設に入所。誰も住む人間がいなくなった実家は、出稼ぎしている間に人手に渡り、帰る家はない。精神疾患と自分の生活を支えられない低賃金に悩んでいる間に、帰る場所も失っていた。帰る家を失ったので、もう出稼ぎではなくなった。

最初の工場は時給1400円で1日8時間、手取りも20万円近くもらえた。最初は普通に暮らせて病むこともなかった。ただ24時間の3交代制の工場で夜勤が増えて、時間が不規則になって、知らない土地ということもあって精神的にだんだんおかしくなった。

介護職のころにうつになって、その再発です。休日にずっと寝ているみたいな感じからはじまって、仕事に行けなくなって。ダメになりました。いまも向精神薬を飲んでいる状態です。

うつの原因は、たいていが心理的なストレスといわれる。

原田さんは誰も知らない土地に出稼ぎに行き、友だちも知り合いも誰もいない環境で働いた。時給制なので働いた分しか給与はでない。不安定な状態だと、来月どころか1週間後は生きていけるのかという不安が強くなる。そして、精神状態はもっと悪化する。

昨年、精神状態が悪くなって連続欠勤して給与が5万円を割ったとき、派遣会社から即契約を打ち切られた。二度の転職で時給も1050円まで下がり、働いても自分ひとりを支える収入を得ることはできなくなった。

お金がないので借金返済をどうしようとか、食べ物が買えないとか、どうやって生きていけばいいのとか、どんどん悩みが増えた。負の連鎖です。お金が本当にないときはお粥に塩だけの食事を10日間とか。このままじゃ死んじゃうって、1年前に埼玉に移ったことをキッカケに思い切って風俗をはじめました。風俗をやっても月2万円とか、多くても3万円くらいにしかならなかった。変わったといえば、スーパーでお弁当を買えるようになったくらい。消費者金融から返済の電話はたくさんかかってくるし、もう自己破産とか生活保護でしか生きることができないかなって。いま、法律相談所と福祉事務所に相談中です。

うつが再発したこの1年半は、精神科で処方された薬を飲んでなんとか働く。働いている時間以外は、家で寝ているだけ。年齢相応の若さや生気みたいなものを感じなかったが、地元を出て工場勤務になってから楽しかったこと、笑ったことはなく、無自覚のうちに喜怒哀楽は失われてしまった、という事情のようだ。

さらに、望まない風俗の仕事のダメージも重なっていた。

なにもかもをあきらめたというが、あきらめるとは自分自身の将来や未来になにも期待しないこと。なにも期待しなければ、不安も薄くなる。貧困に飼いならされる、という哀しい自己防衛だ。

原田さんは時間が許す限り、なにも考えないで家で寝ている。恋愛も趣味もなにかをするとお金がかかる。寝ていればお金はかからないし、なにも考えなければ精神に負担がかかることもない。最近の大きな出来事は自己破産や生活保護制度をデリヘルの店長から聞いたことで、福祉に頼るという道を知り、少しだけ元気が出てきたという。

いま思い出したけど、本当は子どものころ、看護師になりたかった。それなのにこんなダメな人間になってしまって……。

しばらくしてから、そんなことをつぶやいた。なにもかもあきらめているという最初の言葉が象徴するが、自己肯定感は徹底的に低く、ネガティブな理由が複合的に絡み合わないと、若い20代の女子がそのような状態には陥らない。25歳の女性が福祉に頼るしか希望がないのは、危うい状態だ。

ネグレクト状態の父子家庭に育った

原田さんは、典型的な〝子どもの貧困〟の当事者だった。

やはり23歳まで過ごした東北の家庭や生活環境に大きな問題があり、絶望的な現状を迎えてしまっている。〝なにもかもをあきらめた〟現状は、一般家庭の7人に1人、ひとり親世帯の過半数の子どもの貧困を生んでしまった日本の未来といえる。

どんな家庭だったのか、詳しく聞いていく。

父子家庭に育ち、ずっとネグレクト状態だった。結局、祖母に育てられた。父親は彼女が幼少のころに脳梗塞で倒れ、障害者認定を受けている。祖母がいる実家に父子で暮らし、障害年金と賃金の低い仕事の報酬が世帯収入だった。祖母と父子は別世帯だったので、世帯年収はおそらく150万円未満だろう。

母親は父親が倒れた時期に不倫した。病み上がりの父親と幼かった娘は捨てられた。原田さんに母親の記憶はまったくなく、顔も名前も知らない。父親は子どもに興味はなく、同居する祖母が母親代わりになった。祖母は彼女が未就学児のころから「おまえの母親は淫乱女」と暴言を延々と言い続けたという、劣悪な環境で育っている。

勉強は小学校までは普通にできたけど、中学校から英語がまったく覚えられなかった。お金がないから塾とか考えられなかったし、おばあちゃんがとにかく厳しかった。勉強しろって木の棒で叩かれ続けました。「バカで無能なおまえは、あの女みたいになりたいのか！」って。私を棒で叩きながら、いつも母親のことを罵る。私は母親のことなんて、なにも知らない。精神的な限界を超えちゃいました。

精神疾患になったのは社会人になってからと自覚していたが、おそらく中学生からはじまっている。中学2年の1学期、不眠で朝起きられなくなったことと、授業内容がわからなくなったことで登校する意欲がなくなった。友だちもいなかったので学校に行く理由が見つけられない。部屋に鍵をかけて引きこもった。

小学校まではおばあちゃんは嫌いくらいの感覚だったけど、最終的におばあちゃんに殺意みたいなものが芽生えた。暴れてキレた。部屋に鍵かけて不登校になって、イライラしたら自分の部屋の壁を壊した。部屋の中はメチャクチャだったし、家族とは誰ともしゃべらなくなった。たまになにか言われても、なにひとつ聞かなかった。おばあちゃんとはお互いを見捨てたというか、一切関係ないみたいな感じになった。

ほとんど登校しないまま中学校を卒業した。当然の結果として内申と偏差値は低く、普通科の進学は無理だった。誰でも受け入れる県立定時制高校に進学している。高校進学をキッカケに引きこもりから脱して、高校には通った。中学校で勉強をしていないので、簡単な授業にもついていけなかった。

いま思えば、こんなことになったのは、高校を辞めたことが一番大きかった。1年生が終わるとき、お父さんが高校に必要なお金を払ってくれなかった。公立だったので微々たる金額で、確か1万5000円くらい。「うちにそんな金はない、自分で仕事して払え！」って怒鳴られた。アルバイトはしていたけど、自分で払うのは嫌だった。そのまま辞めちゃいました。

父親はわずかな高校への納入金の負担を拒絶。彼女もわからない授業を聞いていることに意味を見いだせずに、お金を払いたくなくて高校を中退してしまった。その日、父親に高校退学を伝えると、興味なさそうに「あ、そう」とうなずかれただけだった。

そのときは世の中のことをなにも知らなかったので、別に高校中退してもなんとかなると思っていた。普通にアルバイトだけで生きていけるって。フリーターになってから家が嫌になった。おばあちゃんがいるし、お父さんもいるし。18歳のとき、1年間くらい家出して東京に行きました。飲食店の厨房でバイトして、バイト先の友だちの家とか漫画喫茶とか転々として、普通に生活はできました。

貧困家庭には、子どもの学費や教育費にかけるお金はない。貧困家庭の主に母親が必死に情報を集めて、なんとかお金を工面して子どもが将来的に不利益を被らないように頑張る姿もたまに見かけるが、貧困家庭の親で子どもの教育に前向きなのは一部だけだ。かなりの割合で原田さんの父親のように子どもの教育に興味がなく、自分でなんとかしろと自立を迫る。

貧しい人々は余裕がない。来月再来月を乗り切ることしか考えられないので、子どもの教育のような長期的展望に気を向ける余裕はないのだ。

私の身近にも貧困家庭の世帯主や、家族で生活保護を受給する知り合いはいる。彼らは日々を生きていくだけで精一杯で、総じて子どもの教育には本当にまったく興味がない。働いていないので情報は少なく、社会の動きにも疎い。中卒や高卒で多くが社会人になった自分世代の感覚で、「高校なんて行かなくていい、無駄だ」みたいなことを子どもに言ったりする。

さらに彼らは生活保護受給に後ろめたさはなく、働いていない状態でも自己評価は高い。

自分は正しいと思っている。なので、子どもの大学や専門学校進学は当然、公立高校進学すら正々堂々と渋る状態だ。

自己評価が高い貧困者は、たいてい「俺も大学なんて行っていない。そんなもの必要ない。俺も大学なんて卒業しないで生きてきた」と声高にいう。

貧困家庭はそのような実態なので、子どもの貧困の根本的な解決には給付型奨学金など、支援制度を増やすことも重要だ。しかし、それだけでは不十分であり、その制度を子どもが利用できる仕組みづくりをしなければならない。子どもの教育に興味のない親権者を超えて、子どもが相談できる機関や人材は必要で、そこに親の意向は反映させない、子どもの自己決定が尊重される仕組みにしなければならない。

そのような貧困家庭の親は、子どもの未来につながる教育より、明日明後日に自分のことにお金を使いたい。親は誰もが子どもの未来を案じている、といった性善説は現実的ではない。このまま子どもの貧困が注目されて、仮に子どもを救済する制度がつくられても、すべての貧困家庭の親権者が適切な判断ができるとは到底思えないのだ。

20歳を超えて高校中退はまずいって気づいた

原田さんが先日まで生活保護制度や自己破産の法律を知らなかったように、誰にも周知されている相談できる第三者がいなければ、給付型奨学金などができても、情報弱者である貧困家庭の子ども自身がその情報を得ることはできない。

子どもに興味がない家庭で育ち、引きこもって家族とも中学校とも断絶した原田さんが、高校中退が自分にとって不利益という現実を知らなかったのはうなずける。

高校中退はまずい、ってうすうす気づいたのは20歳を超えてから。バイト先で友だちができて初めて知った。そのときはまだ実家があったので戻って、地元のハローワークに行きました。この学歴だと介護しかないっていわれて、担当者に「職業訓練でヘルパー2級を取ったらどうですか?」って勧められた。介護くらいならできそうと思った。資格を取ってグループホームで2年間なんとか頑張ったけど、完全に精神をおかしくしてしまいました。

介護の人材不足は深刻で、団塊世代が後期高齢者になる2025年までに38万人から100万人が足りないといわれている。厚生労働省は介護人材不足と失業者対策で2009年から「重点分野雇用創造事業」をはじめている。簡潔にいえば、キャリアや手に職のない失業者をみんな介護職に誘導するということである。

向き不向きなどは一切考慮されないまま、失業者は介護初任者研修（旧ヘルパー2級）の資格を無償で、さらに都道府県によっては研修期間中の月々の生活費を行政が支払って取得するという職業訓練を受ける。資格取得後、介護施設を紹介される。採用した介護施設には助成金が支払われる。その雇用対策事業は、全国で展開されている。

しかし、介護職の賃金は63業種の中で圧倒的な最下位だ。

介護職は7割以上が女性で、介護業界には失業者が続々と誘導されているので近年の女性の貧困を牽引している。向き不向きを無視して続々と介護現場に送り込んでいるので離職率は高く、介護現場の人間関係はメチャクチャだ。虐待、パワハラ、セクハラ、精神疾患が蔓延して、その負の連鎖がおさまる気配はまったくない。悲惨な状態としか言いようがない。

21歳。高校中退、職歴なしの原田さんは、ハローワークに斡旋されてグループホームに就職した。正規雇用で月給13万円に残業などの手当がつき、手取り15万円ほどだった。条件は悪くはない。深刻な人手不足の介護事業所は正社員を違法労働で酷使することが多く、ブラック労働で精神を壊したかと思ったが、理由は違った。

「実際に介護職になってみたら、高齢者への対応だったり、コミュニケーションで苦労しました。オムツ交換とか多少のブラック労働はそんなに気にならなくて、私が一番嫌だったのは認知症の高齢者に孫に間違えられること。自分の中では消し去っていた祖母を思い出して、嫌で嫌で嫌で、動悸が止まらなくなるほど嫌で、本当に高齢者のことが心から嫌いなことがわかりました。

認知症高齢者への嫌悪感は、何カ月もおさまらなかった。高齢者を見るたびに忌まわしい祖母を思い出した。ある日、施設長に「孫と間違えられないために、どうすればいいでしょうか?」と相談したことがあった。施設長は「自分のおばあちゃんと思えばいい。絆が深まれば、すごく素敵なこと」と返答したという。

精神的な負担は、限界を超えた。祖母と高齢者を重ねてしまうのは、個人的事情だが、現在の国による失業者の介護職への誘導は機械的なので不幸も生まれてしまう。キャリアや学歴のない社会的弱者ほど、慎重に就業支援をするべきなのに、常に国の事情を優先する職業斡旋所にはそのような機能はない。

16歳上の派遣労働者と恋に落ちた

実家があり、ダブルワークはしていなかったので、介護職時代はお金も時間も少しだけ余裕があった。休日は競輪に行ってストレスを発散した。正規雇用だったので長期ローンが組めた。新車で軽自動車購入を勧められて、その新車に乗って競輪場に通った。

ある日、競輪場で16歳年上の中年男性にナンパされて恋愛した。中年男性は未婚の派遣労働者だった。

正社員だったし、嫌でも頑張ろうと思って介護は続けました。でも、だんだんと彼に依存するようになって、毎日、毎日、何時間も電話しないと気がすまなくなって、すごく束縛した。その間に高齢者への嫌悪感はどんどん大きくなって、介護するどころか、見るのも限界になった。彼に仕事のことを相談した。「失業保険をもらえるから辞めちゃえ」って言われて、そうかと思って辞めました。

23歳。正規採用だったグループホームを退職した。中年男性が言うように毎月ハローワークに行くだけで、本当に月13万円がもらえた。時間ができて恋人への依存はさらに深まった。

中年男性は介護職を辞める直前、「除染作業の会社をつくるから」と、原田さんに借金を打診する。消費者金融をまわって、中年男性に借りた100万円をそのまま貸した。100万円を渡してから3カ月後、男は原田さんの前から消えた。

彼がいなくなって、完全におかしくなりました。部屋に引きこもりました。同じころ、お父さんが歩けなくなって介護が必要になった。歩行介助とか私が頼られて、本当に気持ち悪かった。ずっと偉そうにひとりで生きていけって言っていたのに、自分が歩けなくなったら私を頼るの？　って。精神状態がおかしかったこともあって、お父さんを虐待しました。お父さんは結局、自分で施設を見つけて介護施設に入所した。消えた彼氏とか借金のことを思い出すと耐えられなくなって暴れたり、本当に壁を壊したり。ベッドをひっくり返したり。最終的には部屋はメチャメチャになって、ゴミに埋もれるみたいな状態になりました。そのときの記憶はないけど、部屋で埋もれているところを友だちに発見されました。

不眠、暴れる、何日も動けない、部屋はゴミまみれになった。普通じゃないことを自覚して精神科に行った。医師に抑うつ状態と診断されて、向精神薬を処方された。失業保険が切れたころ、精神状態は落ちついていた。父親もいなくなったので、誰も頼れない。介護だけはしたくなかったので、派遣会社に登録して地元を出て北関東の工場へ行くことになった――。

これが貧困家庭に生まれた原田さんのこれまでと、痛々しいその後である。

おばあちゃんががんで死んだときは、笑ってしまいました。誰かが介護しないと生きていけないお父さんは、人間には見えないし、本当に気持ち悪い。母親は顔も名前も知らないので、いまどうしているとか興味ないし、本当にまったく関係ない。中学校には行ってないので友だちも少ない。さびしいので男の人には執着してしまって、束縛がすごいみたいで全然続きません。彼氏ができても逃げられちゃいます。

――夢だった看護師になるとか、家庭を新しくつくるとか考えない？

家庭とか子どもとか、普通を知らないのでわからない。子どもができたとしても、たぶん嫌になって捨てると思う。母親が私にそうしたように、同じことになる。だから結婚とかは考えられないし、もう家もないので寮のある工場でしか働けないです。

貧困の連鎖と家族崩壊、精神疾患、異性への依存癖、深刻な関係性の貧困、それに高校中退に情報弱者――、まったく未来が見えない。すべてをあきらめて、空いている時間をずっと寝ることで現実逃避をしている。

彼女のような子どもの貧困から絶望を背負う当事者は、現在進行形で生まれている。どうすればいいのか、私にはわからなかった。

無料低額宿泊所で生活するバツイチ一児の母

貧困当事者、特にひとり親家庭は〝子どもの教育には興味がない〟親が多いことは述べた。環境や親の意向によって必然的に教育から切り離され、貧困の遺伝は続いていく。

「双極性障害と注意障害、不眠症を抱えて本当に苦しい」と訴える45歳の女性からメールがあった。取材してから知ったが、彼女はバツイチの一児の母であり、家族は破壊的なほど壊れていた。

埼玉県最大の繁華街に向かった。駅周辺は家族連れやカップル、冬休み中の学生たちで賑わっていた。母親とおぼしき人たちは正月用の食材やお飾りを抱えて、子どもたちは師走の喧噪に浮足立っていた。

現在は市内のNPOが運営する「無料低額宿泊所」で生活する西野菜緒子さん（仮名、45歳）は、大きな荷物を抱えて待っていた。彼女には生き別れた娘がいて、それは話を聞いていくうちに明らかになった。

ダウンコートを羽織って、スマホ所持、カバンの中には化粧品と人気作家の文庫本があった。希望が描かれた有名なベストセラーだ。第一印象は家族を連れたお母さんたちと、なにも変わらない普通の女性だった。

いま、住むのは家のない人のための寮です。全員が生活保護を受けています。生かせてもらっている生活保護なので、文句を言える立場ではないけど、男女同室とか、布団がシラミまみれで不衛生とか、生活環境はすごく悪い。劣悪だし、最悪だと思います。それになにかしら問題がある人が集まっているので、突然奇声が聞こえたり、暴れたりみたいなことは頻繁にありますね。

無料低額宿泊所は、生活困難者のための無料または低額な料金で宿泊ができる第二種社会福祉施設だ。ちょうど1年前から生活保護を受給し、市のソーシャルワーカーの勧めで現在の宿泊所で暮らしている。

無料低額宿泊所の入居者は精神疾患を抱える者や、身寄りのない認知症高齢者など、問題を抱える人々が集まっている。共助や互助のような状態からはほど遠い。全員が貧しく、余裕がなく、苛立っているので入居者同士のイザコザも絶えない。

制度の名称として無料低額とついているが、毎月支払い義務がある利用料はけっして安価ではない。生活保護が支給されるとすぐに施設利用料月4万2000円、食費2万8000円、水道光熱費1万円、管理共益費5000円、合わせて月8万5000円を運営する法人に支払う。月に自由に使えるお金は、せいぜい2万円ほどだ。

今年のお正月が明けた1月10日前後だったかな。私、あそこで自殺しました。駅前のファッションビルを指さして、とんでもないことを言いだした。

本当に迷惑な話だけど、真剣に死のうと思って、女子トイレで服毒です。まあ、死ねなかったから、いまここにいるのですけど。

まったく予想をしていなかった凄惨で壮絶な話がはじまった。内容と声のトーンを聞いていると、本気でやった自殺未遂のようだった。ビルの女子トイレで服毒して酩酊状態で駅周辺を歩き、異変を感じた通行人が救急車を呼び、病院に救急搬送されている。病院のベッドで眠り続けて、3日後に意識を取り戻したという。いったいなにがあったのか。喫茶店に移動すると、身に起こったことを語りだした。ちょうど1年前の出来事だ。

17歳で結婚、19歳で離婚

バツイチ。17歳で結婚、女児を出産している。19歳で離婚後、水商売や非正規職を転々とする。数年前から双極性障害と不眠症、注意欠陥障害を次々と発症して、本気で自殺未遂した1年前は、とても働けない状態だった。

3年前、派遣された工場で知り合ったひと回り年下の男と同棲。男が勤めるパチンコ店の職場の寮に住んでいた。明日、明後日を乗り切るだけのギリギリの生活だった。

その男のことは別に好きでも嫌いでもなく、3年くらい前からなんとなく一緒にいた。30歳を超えたあたりから、もう希望はなにもなくて、ただその日暮らしでした。付き合って同居すれば、家賃がかからないってくらいの意識でした。1年半くらい前から私は明らかに精神的に不安定で、とても働けるような状態じゃなかった。生活はその人頼りでした。

男も同じバツイチで非正規や派遣職を転々として、希望のないその日暮らしだった。医療器具の組み立てや検査をする工場で知り合い、男はすぐに辞めて別の工場へ転職した。

そして新聞配達など、人手不足で採用の敷居が低い仕事を転々とした。男はどんな仕事も続かないタイプだった。離婚原因も、働かないことに愛想を尽かされたのが原因だった。自殺未遂をした1年前は、男は寮のあるパチンコ店に勤めていた。

結局、パチンコ屋で働いていなかった。無断欠勤。店の人が寮に来て、出勤していないって。「もう一度、ちゃんと働けばクビにはしない」って言ってくれたけど、次の日に「もうここ出よう」って言いだした。「なに言っているの？」って言い争ったけど、働きたくないって。結局、夜逃げみたいな感じで逃げた。お金なんてまったくないから、2人してホームレスです。とりあえず人がいる繁華街に行こうってことになって、駅まで歩いた。それが去年の年末のことです。

突然の夜逃げとなった。現金は2人合わせて500円もない。タクシー代は当然、バスの運賃もなかった。駅まで歩く。パチンコ屋の寮は家賃が安い代わりに不便な場所にあった。繁華街まで、ひと晩中6時間以上歩き続けた。

到着しても、1日を暮らせるお金はない。途方に暮れた。西野さんのスマホを売って1万3000円をつくった。ネットカフェに泊まって、なにも食べずに過ごした。

ネットカフェで仕事を探したけど、年末だから世の中が動いていない。ネットカフェ代でどんどんお金はなくなる。大晦日はマック泊、もう1台その人の携帯を売って、どうにもならなくてお金が完全に尽きました。それで1月4日か5日、正月休みが明けた初日に市役所に相談に行きました。もうどうにもならないって窮状をちゃんと説明したつもりだったけど、保護とかそういう話にはならなくて、乾パンみたいな非常食をもらった。私は繁華街に到着した段階で、もう死にたいと思っていました。実際に一日中、どう死のうってことばっかり考えていましたし。

携帯電話も住所もなく、仕事は探しようがない。公的機関に駆け込んでも、乾パンを渡されただけで目の前の数時間を乗り切るだけしかできない。男に「消費者金融でお金を借りてほしい」と言われ、ダメ元で有名な消費者金融に行った。運転免許証を提示して、以前の派遣勤務先で申請すると、予想に反してその場で20万円を借りることができた。

借金ができて、正直ホッとしました。「お金があるうちになんとか仕事を探して、やり直そう」って言ったら、「パチンコする」って。「なに考えているの?」って止めたけど、20万円を奪うように持っていって、本当にパチンコ屋に行っちゃった。その人は、それまでもお金があるとなにも言わない。お金がなくなると困り果てて「やり直したい」って言いだす。その繰り返しだった。そのお金は最後の収入だと思っていたので、私は死ねるように薬品を買った。自殺です。ある薬品を100ミリリットル飲めば死ねるってテレビでやっていて、薬局で普通に買いました。

西野さんが買った薬品は危険物だが、薬局や通販で普通に買える。価格は500ミリリットルで2500円ほど。致死量を摂取すると、体内で有毒化して内臓が機能しなくなって死ぬという。

男は最後の収入で逆転を狙って、ギャンブル性の高い4円319分の1のパチンコをギラギラした目で打っていた。なにひとつ運のない男がギャンブルに負けることはわかり切っていた。

パチンコ台と向き合う後ろ姿をみて、もうどうにもならないと思った。西野さんは、自殺することを決断した。数時間後に案の定、男は青い顔をして戻ってきた。

明日、一緒に死のう。死ぬから……。

西野さんは、強い口調で男にそう言ったという。数日前まで20万円あったお金は、パチンコの負けがかさみ残り4万円となった。人生の最期くらいはおいしいものを食べようと、ネットカフェに泊まって翌日昼、2人で有名焼肉店に行った。

1月半ばですね。自殺未遂したその日、ランチの時間に最後の晩餐みたいなことをしました。普通に焼肉を食べました。もうこの人はやる気ないだろうと思ったし、最後の収入もすぐに4万円まで減っちゃったし、携帯電話もないのでもうやり直すことはできないだろうって。私は死のうとずっと思っていたし、最後に焼肉屋さんで残りのお金をパッと使おうって判断でした。彼は死ぬことを渋って「やり直すから、ちゃんと仕事を見つけるから」って騒いでいたけど、「もう死ぬから、今日死ぬの」って何度も言い聞かせました。その言い合いは鮮明に覚えています。

最後の晩餐で食べたいものを頼み、会計は2万5000円くらいだった。焼肉屋の前で、男にペットボトルに分けた薬品を渡した。100ミリリットル以上飲めば死ねるから、と念を押した。吐き出さないようにネットカフェのドリンクバーを使って、ジュースを混ぜたら飲みやすいと伝えた。それが男性との最後の会話だった。

焼肉屋の前で、男と手を振って別れた。最後だと思って精一杯の笑顔をみせた。そのまま路上にある自動販売機で、甘くて飲み心地がよさそうなジュースを買った。ファッションビルに入って、女子トイレに直行。個室の中でジュースを混ぜながら、ペットボトルに分けた250ミリリットル程度の薬品を全部飲んだ。なんのためらいもなかった。致死量の倍以上の量だった。

飲んでいる最中はツラかった。飲んじゃってからは、少し酔うみたいな感覚。苦しくはなくて、逆に気持ちよかった。だんだん頭がフラフラしてきて、視界があまり定まらない中で外に出て駅のまわりを歩いて、いつ死ねるのだろうって思いながらネットカフェに戻ろうとした。それから記憶はありません。起きたのは3日後、総合病院のベッドでした。

異変に気付いた通行人の男性が救急車を呼んだという。西野さんは助かってしまった。病院のベッドで目覚めたとき「どうして生きているの」とショックもあったが、まだ生きているとホッとした気持ちもあったという。

自殺未遂の聞き取り調査をされた。病院のソーシャルワーカーに自殺に至る事情を話すと、精神科の受診を勧められた。双極性障害と注意障害、不眠症と診断された。生活保護の手続きをした。そして、現在暮らす無料低額宿泊所を紹介されて、カバンひとつ程度の荷物を持って入居した。

結局、自殺はしなかった男性も同じく生活保護を受けることになり、2人の関係はそれっきりとなった。

ほぼ表情を変えることなく、1年前の悲惨な出来事を淡々と話した。

喫茶店の窓からは現場となったファッションビルが見えた。自殺直前の足取りや2人の雰囲気、自殺決行時の表情や動作まで目に浮かび生々しかった。

貧困や低所得層の取材をしていると、自傷や自殺未遂の話は頻繁に聞くことになる。経緯の順番としては貧困や困窮に苦しみ、精神的なストレスで精神疾患になる。自傷行為を繰り返して、一部は風俗や売春に流れてさらに状態を悪化させる。そして死にたくなって、自殺や自殺未遂をすることになる。そこで死んでしまったら取材はできないので、取材に現れるのは死ぬことができなかった自殺未遂経験者となる。

自殺未遂までに至る2週間程度の行動を聞いていると、窮状を訴えても乾パンを渡して帰してしまった行政の対応が疑問だ。家とお金がまったくなければ、乾パンで数時間は過ごせても、翌日からはまともに生きることはできない。明らかに生活保護の緊急保護の対象であり、公的機関は窓口の担当者によってバラつきがあるということか。

一般市民は貧困や生活苦だけではなく、なにかに困って自分ひとりでは解決できないとき、誰に相談していいかわからないという人が大多数だ。行政に窮状を訴えた日は、自殺を決行する数日前だ。最終的なSOSといえる。どう考えても、然るべき措置をしてほしかった。

年が明けてから死ぬことばかりを考えて、最終的な拠り所だった行政から軽くあしらわれて、数日後に本当に自殺を試みた。悲惨な告白に息を呑んだが、当事者である西野さんはツラそうでも苦しそうでもなかった。

ずっと淡々と自分に起こったことを語っていたが、表情が若干曇ったのは、17歳のときに産んだ娘の話が出てからだった。

生きる意味がわからなくなったのは、だいぶ前です。

過去の話がはじまった。絶望的な現状を迎えることになった理由は、なんなのだろうか。

14歳のとき、娘は出ていった。娘がいたときは、頑張らなきゃと、前向きな感情はずっとあった。いなくなった時点で、私、なんのために働くのだろう、生きているのだろうみたいな状態になった。異常な虚無感がいつまでも離れなかった。精神的に不安定になったのも、娘がいなくなってからです。

西野さんは、裕福な家庭で育っている。父親はデザイン会社の経営者、母親は子ども思いの優しい女性だった。2つ年下の妹がいる。両親の勧めで中学受験して、お嬢様系の中高一貫校に進学した。
家族がおかしくなったのは、中学1年のとき。母親ががんになり、手遅れであるステージ4の診断をされた。母親が余命宣告をされた中で、父親は浮気をした。母親はがんが全身に転移し、1年後に痩せ細って亡くなった。

そのころから父に不信感を抱くようになって、学校に行かなくなりました。父に反抗した。中学2年のときに母が死んで、登校拒否してコンビニでバイトするようになった。父にはもう高校進学はしたくないって言い張った。目先のことだけに執着して、反抗して、高校に進学しなかったんです。家族は嫌いっていう気持ちがずっと続いて、どうでもいい、関係のない人たちって思うようになった。結婚して家を出てからは、父と妹とはいっさい連絡をとっていません。完全に絶縁です。母が死んで家族崩壊、家族はお互いに興味がないというか。家を出た16歳以降、一度も接触していない。だから父と妹がどこで何をしているのか、いっさい知りません。

早期結婚した元夫とは、バイト先のコンビニで知り合った。常連客だった。意気投合して、自然と恋愛関係になった。16歳で妊娠した。できちゃった婚となって、17歳のときに娘が生まれた。

元夫は若いこともあり、親としての責任感はまったくなく、ダラしない性格だった。毎日、毎日、現場に遅刻して給与から天引きされた。結婚してからはダラしない生活に拍車がかかり、基本給から10万円以上が引かれて手取り13万円を切ることもあった。

手取り13万円以下で7万円の家賃、それと光熱費を払えばいくらも残らない。子どもがいるのに食費の確保も難しかった。ちゃんとしてほしかった。いくら言っても、遅刻癖は直ることはなく、仕事も続かなかった。勤務先は転々と変わった。結局、なにも変わらなかったので19歳で離婚した。

2歳の子どもを持つシングルマザーになった。一番手のかかる年齢で、子育てしながら稼ぐためには水商売しかない。アパートを借りるお金もなかったので、寮付きのキャバクラで働いた。１９９０年代前半、まだ繁華街は景気のいい時代だ。娘は夜間保育園に預けて、月40万～50万円はコンスタントに稼ぐことができた。水商売は4年間続けた。

夜の仕事は男性とお酒を飲んで、帰宅するのは深夜や朝方になる。そういう仕事は後ろめたいし、恥ずかしいと思っていた。これから小学校に入学する娘に迷惑をかけないためにも、昼間の仕事に就きたかった。中卒は求人がない。どんな仕事も高卒の条件がついている。

高校中退、高卒と何社も嘘の履歴書を書いて面接に行った。どこも採用にならなかった。トラック運転手になった。30万円を超える月給はもらえたが、今度は労働法を無視した長時間労働になった。

娘はキャバクラのときと変わらない夜間保育園で、小学校になってからはひとりで留守番が多かった。いま思えば、完全なネグレクト。26歳のころから運転手時代、勤めていた運送会社の課長と付き合いました。相手はバツイチだったので、私の家で同棲しました。ネグレクト状態は本当に気になっていて、トラック運転手は辞めました。学歴詐称してなんとか派遣の昼間の仕事を見つけて、昼間は課長が子どもを見てくれるから安心して働いていたんです。でも、実は、ふたを開けてみたら、課長は娘に性的な悪戯をしていました……。

娘が小学4年生のとき、友だちの母親が児童相談所に性的虐待を通報している。娘が友だちに相談して、友だちの母親に伝わった。同棲する課長を信じ切っていて、娘の異変にはなにも気づかなかった。

深夜近く、仕事から帰ると、玄関に児童相談所からの張り紙と手紙があった。赤い文字で「即時保護」と書かれていて、家に娘はいなかった。あわてて児童相談所に連絡すると、性的虐待の事実を聞かされた。かなり深刻な性的虐待だった。

3年前に同棲をはじめた当初から、娘は被害に遭っていた。小学1年生からだ。同棲する恋人は西野さんが働きに出て娘と2人きりになると、局部を舐めたり、口淫をさせていたという。小学4年生になって自分の身に降りかかる性的虐待の被害を自覚して、深く悩むことになり、友だちに相談した。

課長と同棲に踏み切った大きな理由は、「自分の娘と同じ年齢の娘がいる」ことだった。子ども好きで、娘も懐いていた。衝撃が大きく、がく然とした。すぐには信じられなかった。まさかと思い、同棲する課長に確認すると、児童相談所に言われた性的虐待はすべて事実だった。即時保護された娘は児童養護施設から学校に通った。親権のある西野さんは、面談することも許されなかった。

表沙汰になりにくい児童への性的虐待

AV女優や風俗嬢など、カラダを売る女性の取材が多いこともあり、母親の恋人や義父だけではなく、実の父親、実兄、教師や塾の先生、近隣の男性、痴漢など、女子児童への性的虐待の話はよく耳にする。

児童への性的虐待は国際的に重罪で残酷な行為だが、主に家庭内で行われるために表沙汰になりにくい。しかも性的虐待を受けている子どもが被害を自覚するのは、大人になってからだったりする。児童相談所での性的虐待の相談件数は、実数と比べると著しく少なく1540件（厚生労働省調べ）にとどまっている。

被害に遭った女子児童のその後は総じて厳しい。根深い人間不信や孤独、精神疾患、異性に過剰に依存したり、セックス依存症や希死念慮に悩むなど、大人になってもなにかしらの苦しみが続いている。幼少時の性的虐待経験者で、一般女性となにも変わらない健康的な女性というのは、ほとんど見たことがない。

2016年にAV出演の強要が問題になって、男性が求める性的な商品を生産するために、嘘や脅迫も混じった強引なスカウトが明るみに出た。私を含む、裸業界の関係者ならAV強要があることは誰でも知っている。だが、業界内の情報は外に漏らさない、隠蔽するシステムが出来上がっていたので長年表沙汰になることはなかった。簡単にいえば、男性が求める性的商品の生産のためには手段を選ばない徹底した男尊女卑が蔓延していたということだ。

昔から日本には、ロリコン男性はたくさんいる。1990年代前半あたりまで書店で女子児童が登場する実写ポルノが普通に売られ、2004年には小学生、中学生を続々裏ビデオに出演させた〝関西援助交際〟シリーズは社会問題になった。関西援交は販売が禁止されている違法メディアにもかかわらず、海賊版が爆発的に出まわった。

適当な口車やわずかなお小遣いで釣られて出演させられた何人かの女子児童は自殺したという。複数の子どもの自殺者まで出した関西援交は大問題になり、六府県警が合同で捜査して製作者は逮捕された。
犯人は3人の中年男性で、普通の非正規労働者やサラリーマンだった。児童ポルノが所持も許されなくなったのは、ついこの前で2014年のことだ。
母子家庭の世帯主として生活に追われた西野さんは、夢にも思わなかった恋人による娘への性的被害を見逃してしまった。時間は戻らないので、もう取り返しがつかない。男と絶縁して仕事を探し、なんとか娘との元の生活を取り戻そうと必死に働いた。

「娘が送致された児童養護施設は、すごくいいところだった。住宅展示場みたいな。そこで毎月5000円のお小遣いをもらって、すごくいい暮らしをしていた。課長と別れて引っ越して、なんとか娘を戻すことができたのは3年後、娘は中学1年になっていました」

娘ともう一度やり直すため、なんとか生活を立て直した。家族2人が普通に生きていくためには、月25万円は必要だった。工場で働き、積極的に残業して収入を上げて、引っ越し、2人で生活できる環境を整えた。現状を児童相談所に報告した。即時保護から3年後、娘との生活を再開させた。

当時は娘のために稼ぐって意識が強かった。残業すると22時、23時まで仕事。帰ってくるのが遅かった。娘は不満だったと思う。それで中学2年になって、娘が急に「施設に戻りたい」って言いだした。言い合いになってふて腐れて出ていった。夜遅くまで帰ってこなかった。娘に電話して頭にきて「もう、帰って来なくていい!」って怒鳴ったら、そのまま帰って来なくなった……娘とはそれっきり。

何度か聞き直したが、怒鳴って電話して、それが今生の別れになったという。ずっと無表情で淡々と語っていたが、その瞬間だけはトラウマになっているのか、涙目になっていた。怒鳴られた娘は翌日自ら児童相談所に駆け込み、そのまま保護、養護施設に戻ってしまった。再開した2人の生活は1年持たなかった。

そのとき、娘に捨てられた……と思いました。だから施設には迎えに行かなかったし、それっきり電話でも話していません。いまは28歳になっているのかな。本当にそれっきりなので、なにしているか知らないし、私が何度も住所が変わっているので娘も探しようがない。生涯、もう会わないし、会えることはないってことです。会いたいとも思わないし、もう、いまとなってはどうでもいいこと……。

母親が死んで父親と姉妹を見限って、恋人による娘への性的虐待、なんとか生活を支えようと頑張って働けば家庭は破綻、最後は娘に捨てられた――。

シングルマザーで生きていこうとすれば、母親は生活かネグレクトか、出口のない望まない選択肢しか与えられていない。西野さんは必死に頑張ってきたが、最終的にはたったひとりの娘に捨てられてしまった。

娘と別れてから14年が経った

誰にとっても血縁関係は、本当に最後のセーフティネットである。娘を失った西野さんは、孤独の中で精神的に不安定になった。

娘と別れてから14年が経つ。その間、働けたり、働けなくなったりを繰り返して、非正規や派遣を転々としている。最終的には命を断つことに失敗して、福祉に頼る現在に至っている。娘のことを思い出したのは、何年かぶりらしい。この何年かは、頭の片隅にもなかったという。

やっぱり私が親と妹、家族に愛情がないから、娘もそうなのかもしれない。たったひとりの孤独が受け継がれていくみたいな。

娘の話が出て涙を浮かべた彼女は、すぐ無表情に戻った。

娘に捨てられて、本当の孤独となった。誰かを好きになることもなければ、寂しくもならないし、希望みたいなことも浮かんだことはない。ただただ、目の前の今日を生きているだけだった。

「自殺未遂以降、先のことは何も考えてないし、福祉に世話になりながらゆっくりただ生きているだけ。もう働くどころか、死にたいとも思わない。本当に何もないですから。」

最後は少し表情が和らぎ、そう笑いながら言う。孤独と絶望を超えた先にある虚無な笑顔だった。

うつや双極性障害、統合失調症など、精神疾患を抱えると、朝起きて働いて生活費を稼ぐという生産的な活動は難しくなる。地域や近隣などの互助や共助で助けられる領域ではないので、家族や親戚、またパートナーなどを頼るしかない。精神疾患を抱えて家族も頼れるパートナーもなく、セーフティネットや制度にも見放されたとなると、もう自殺を選択するしかなくなってしまう。

性的虐待を受けて児童養護施設で育った娘は、現在もおそらくなにかしらの傷を抱えて苦しみながら生きている可能性が高い。家庭崩壊、絶縁、貧困、自殺未遂、希望のない抜け殻状態――、もうどこにも光が見えない絶望的な状態だった。

第4章

あと1年半しか仕事ができない

もはや貧困が他人ごとではないのは、フリーランスの私も、取材に同行する女性編集者もまったく同じだ。

女性編集者は20年前の雑誌が華やかだった時代、大学在学中に流行っていた学生ライターをしていて新卒採用を逃している。

その後、正規採用された経験が一度もないらしく、長期的な展望はまったく見えないようだ。いつも将来の不安を口にしている。

企業は人件費圧縮のために女性を中心に雇用をどんどん正規から非正規に置き換えて、非正規が過半数を超える現在に至っている。非正規は賃金を抑えられている。契約が切れれば、その先は見えない。

企業にとっては都合がよく、使い捨ての人材となる。最低賃金の基準があってフルで働いているので貧困までいかないが、賞与もなく、昇進や昇給は望めず、長期的展望は見えようがない。

不安定で貧しい生活を余儀なくされるので、結婚や出産にも踏み切れずに少子化の原因にもなっている。

貧しさが固定化されたことで格差ではなく、階級という言葉が使われるようになっている。残酷な現実だ。

ある大手家電量販店で携帯電話販売員をする佐伯百合さん（仮名、30歳）は、清潔感のあるかわいらしい女性だった。30歳という年齢より、だいぶ若くみえる。２年半前に離婚、勤務先の店舗近くにあるワンルームマンションでひとり暮らしをしている。

私は仕事をしているので、世間で言われる貧困ではないかもしれません。ですが、女性の貧困は本当に他人ごとじゃないです。いまの日本は女が単身で自立して生きていける社会とは、とても思えない。いろいろ厳しすぎます。

顔を合わせるなり、窮状を訴える。

佐伯さんは地方の私立大学を卒業して、派遣社員として働くために上京している。就職氷河期のうえに見通しが甘く、就職活動が遅れて正規採用を逃した。そして、26歳で結婚。新婚早々に夫のＤＶとモラハラがはじまって、２年持たずに離婚。現在に至っている。

派遣会社から発行されている先月の給与明細を見てみる。基本給19万円に固定残業代６万円、社会保険が引かれて手取りは21万円ほどだ。年収は３００万円であり、女性の平均賃金は超えている。平均賃金を得ているのなら、贅沢はできないとしても、不自由ない暮らしはできそうなものだ。しかし、23区内にあるアパートの家賃は７万２０００円と高く、手取り給与から家賃と光熱費を差し引くと、貧困水準から5万円程度しか差はない。給与日前にはお金が底をつく余裕のない生活で、一切貯金はできないようだ。非正規の派遣社員なので職場に仕事以外の人間関係や居場所はなく、健康を壊すなどなにか起これば、その瞬間から生活はできなくなる。

現在、女性の非正規雇用率は55・5％と全体の過半数を超えてしまっている（厚生労働省調べ）。よって、彼女は年収300万円、単身で暮らす女性の極めて一般的な例といえる。

非正規は1999年と2004年に施行された労働派遣法改正から急激に広がった雇用形態である。規制を緩和すれば、格差は広がる。

非正規の拡大で、日本は「格差社会から階級社会に変換した」とさまざまな場面でいわれている。ベストセラーとなった『新・日本の階級社会』（講談社現代新書）によると、主婦のパートを除く非正規労働者はカーストの最下層である〝アンダークラス〟に分類されている。アンダークラスの平均年収は186万円であり、貧困率は38・7％にもなるという。

企業は一度非正規となって安価でも働く人材を、わざわざ正規転換はしないので、アンダークラスの人々のほとんどは這い上がれることはない。貧しさが固定化されたことで格差ではなく、階級という言葉が使われるようになったのだろう。残酷な現実だ。

23歳で社会人になってから、ずっと「派遣」

喫茶店に入ると、周囲を見まわしながらスマホを取りだした。

彼女は「お金をあと少し稼ぐために、最近風俗をはじめたんです」と笑みを浮かべて、嬉しそうに携帯画面を見せてくる。卑猥な単語が重なった店名のホームページに、顔にモザイクのかかったネグリジェ姿の女性が写っていた。ネグリジェをまくり、ヘアーを見せている。顔は全面にモザイクがかかっているのでわからなかったが、写真のノーパン姿の艶っぽい女性は、目の前にいる佐伯さんだという。

どうも口調のトーンから察すると、収入を上げるために風俗店でバイトすることにはポジティブな意識があり、逆に本業である大手家電量販店の仕事と、その収入、雇用形態に不満を持っているようだった。

最低限の生活費しか稼げなくて、保障も明るい未来もない非正規労働には不満がある。非正規労働者が集められている職場は正社員が支配して、合理的に働かされているだけなのでなんの人間関係もない。孤独である。性風俗店でバイトしていることは、当然言いたくても誰にも言えないし、言える相手もいない。

私は貧困が蔓延する現状で、女性がカラダを売ることになにも驚かないし、なんとも思わない。肯定も否定もしない。女性は誰に話していいかかぎ分ける。私は彼女だけでなく、予想もしないところから風俗や売春しているカミングアウトを本当によくされる。愚痴と一緒でひとりで抱えるのではなく、誰かに言いたいのだ。

佐伯さんはある繁華街の家電量販店1階の携帯電話売り場で、ある大手キャリアの担当をしている。

休憩がなかったり、トイレにも行けなかったり。立ち仕事で休憩なしでずっと接客。新しいiPhoneが出たときとか、本当に朝5時から夜11時まで働き詰め。私が働いているところは人員不足もあって、本当にキツイ。現場で接客するのはほぼ全員が派遣社員で、量販店の社員はレジ近くで派遣を監視しています。簡単に言えば、派遣の私たちは奴隷とか部品とか、そんな扱いです。

某家電量販店は販売する商材によって編成が分かれている。売り場は量販店社員を頂点に厳然なヒエラルキーがあり、派遣販売員の人事の権限は担当社員にある。現場で働いている彼女が「奴隷か部品」と感じるように、さまざまな派遣会社から販売員を集めた売り場はどこに配属されても総じて人間味はなく、冷たい空気が流れている。そして、量販店社員によるパワハラの温床となっているという。

たとえば社員が聞いたことに対して答えられなかったら、「もう明日から来なくていいよ」って即クビになります。私たちは〝出禁〟って呼んでいます。直接雇用されているわけではないから、そういう非情な扱いが当たり前。社員の命令どおり、言い訳せず、絶対服従して動くしか選択肢がないわけです。

絶対権力のある量販店が社員を通じて派遣社員に求めるのは、顧客本位の接客ではなく、売り上げだ。厳しいノルマを設定されているようで、達成しないと担当社員はペナルティを被る。携帯電話の売り場では、本来の目的である携帯電話本体にプラスアルファで、派遣の販売員たちは客になにを買わせたかが問われる。

ちょっと前に行政指導を受けて問題になった商品があるのですが、「それを売れ」とか、「なるべく高額なSDカードを売れ」とか、「量販店のクレジットカードをつくらせろ」とか。お客さんのほうで買いたいなと思ってもらったならいいけど、ノルマがあるので、たとえば「これを買ってくれたら、私が携帯の設定やりますよ」とか、売り場全体が変な方向に進んでいます。携帯とかパソコンに詳しい人は騙されないので、余計な商品を勧めずに契約をすぐ終わらせて、高齢者とか無知な人にはどんどんさまざまな物を売りつけます。私も含めてみんな嫌々売りつけています。正直お客さんは損しかしないし、売るほうもすごいストレスです。

無知な客や高齢者に特に売りやすいのは128GBのSDカードだという。ネット通販などで買えば7000円程度だが、キャリア経由で買うと倍以上の金額になる。さらに使い方がよくわからない高齢者に128GBはまったく必要ないとわかっていても、適当な言葉を投げかけてどんどん買わせる。

派遣の契約は3カ月ごとに更新される。言われたとおりに商品を売らないと、すぐに職を失い生活ができなくなる。

無理な販売が多すぎます。クレーム対応に追われているので、数字を出せないスタッフ=結果を出さないスタッフという風に量販店の社員から見られて、みんな無理やり必要ない商品を売りつけることが日常化しています。後日、説明不足だというクレームが多発して、その対応に日々追われて長時間労働になるという悪循環です。

iPhoneの最新機種が発売される時期など、繁忙期になると、販売員はトイレにも行けない。派遣販売員たちは、1日トイレに行けないので水分をとらないようにしているという。

頭が痛くなって視界が揺れたり、脱水症状っぽくなったり。この前、量販店社員が実績を出せなかったキャリアの営業を呼び出して、靴に強力な瞬間接着剤をつけて長時間立たせるなんてこともありました。量販店社員からのパワハラはすさまじくて、非常識だし、暴力的です。私はけっこう長く我慢して続けているけど、とても平穏な気持ちで続けることができる仕事じゃないです。

現在の家電量販店の職場を語る佐伯さんは、何度も深いため息をつき、表情は終始うんざりしていた。

大学を卒業して23歳で社会人になってから、ずっと派遣販売員である。パワハラ三昧の家電量販店の日常にはウンザリすることばかりだが、派遣社員はどこに配属されてもたいした違いはなく、将来的な展望や希望はない。日々不安を抱えて心を殺しながら、目の前の日常を乗り切るだけの社会人生活をしている。

26歳のとき、結婚すれば、苦しい日々とは違う風景を見ることができるかもと思った。たまたま酒場で知り合い、勢いで付き合った5歳上のサラリーマンと結婚した。販売員の仕事は継続したので共働き世帯となった。共働きになれば、世帯年収は2倍以上となるので個人の可処分所得は上昇する。結婚して単身世帯から共働き世帯になるのは、相手を間違えなければ、最も社会的ですぐに効果のある貧困の回避手段ではある。

元夫には、延々とDVされました。結婚生活の記憶がないくらい嫌な思い出で、どうしてあの人と結婚したのかとかは詳しくは覚えていない。同居初日でおかしいと思った。すごくこだわりが強い人で、料理にいろいろ文句つけて、全部手づくりじゃないと嫌みたいな。私は仕事をしていて本当に時間がないし、家事も洗濯も文句を言われて、本当に理不尽だと思いました。

元夫と収入は同程度だった。しかし、家事はすべて彼女がやらされた。また、家庭の金銭管理は夫となって、自分の給与は全額夫の通帳に振り込まされた。母親と同じような料理をつくれと要求されて、給与を取られ、結婚初日から不満しかなかった。不満は大きくなりすぎて精神的な負担になった。

ありがちな夫婦間トラブルだ。

1カ月も経たないうちに、結婚に踏み切った軽率な選択を心から後悔した。元夫は結婚生活に満足していたが、夫婦間の温度差が大きくなり亀裂が生まれた。結婚生活のストレスで、頻繁に体調を崩した。妻の体調が悪くなると元夫は舌打ちし、実家に行くことも病院に行くことも許さなかったという。

とにかく、怒る。怒ると止まらなくなっちゃう。私はどうして怒られているのかわからなくて、いつもちょっとしたこと。会話をすると、私が発言した意図とは全然違うとらえ方をして、ずっと朝まで怒鳴り続けるみたいな。土下座をさせられる。具体的なやり取りの詳細はどうしても思い出せないけど、要は自分の思いどおりに動かないとキレて怒鳴って、延々土下座をさせるわけです。

フローリングの硬くて冷たい床に正座して頭を下げながら、朝まで怒鳴り声を聞き続けた。病的なモラハラとわかっていたのでいくら怒られても自分を責めることはなかったが、とことん疲弊した。睡眠時間も減って、日常生活に支障をきたした。どう考えても離婚するしかなかった。

最後に朝方まで土下座させられた日に「ちょっとお腹痛いからトイレに行かせてください」って携帯を隠し持ってトイレから１１０番しました。助けてって警察呼びました。すぐに警察は来てくれて、別々の部屋に移されて、朝方だったので私は自分から頼んで保護してもらいました。それが元夫との最後です。事情を話して仕事は何日か休んでいったん実家に戻りました。それで離婚しました。２年半前のことです。

実家から職場は2時間以上、とても遠くて通えない。元夫に給与全額を振り込む夫婦生活だったので、お金は持っていなかった。クレジット会社から50万円を借りて、現在居住する月7万2000円のアパートに引っ越した。

もう、結婚はいいです。これから独りで生きていくって考えると、将来のことも考えます。とても人間扱いされない派遣販売員を一生やる気にはなれないし、そんな人生嫌です。なにかしようと思って、離婚後からデザイン系のパソコンスクールに通いはじめました。

手取りは月21万円だ。家賃7万2000円、パソコンスクール2万3000円、借金返済2万円、光熱費1万5000円、携帯代1万円、医療費（DVの影響で精神科へ通っているため）5000円を支払うと6万5000円しか残らない。仕事で心身ともに疲れ果てるので、食事は外食が中心になる。なんの無駄使いをしなくても、お金が足りない。

休日にテレアポのバイトを試してみたけど、疲れるし、稼げないしダメでした。それで数カ月前、サイトで仕事を探していたら人妻風俗ってあるのを見つけて、悩んだけどやってみようって応募しました。

休日のたびに風俗店に出勤

もう一度繰り返すが、彼女は年収300万円の平均的な労働者だ。女性の平均年収287万円（国税庁調べ）をわずかながら上回っている。元夫も含めた性体験人数は5人で、最終学歴は大卒、いままでに風俗や水商売経験はない。本当に、どこにでもいる普通の女性といえる。

平均賃金を稼ぐ一般女性が、生活を少しだけ豊かにするために足りない月数万円を稼ぐために風俗のダブルワークをする。それが現在の日本の状態だ。家賃のかかる単身女性にその傾向は顕著で、一般世帯への「住宅扶助」の必要性を訴えている貧困の研究者は多い。家賃の負担を減らして実質賃金が上がれば、必然的に女性の風俗勤めや売春は減ることになる。

現在、働く時間に融通が利く性風俗は、彼女のようなごく平均的な一般女性を続々と飲み込んでいる。風俗嬢の8～9割は正業を持つダブルワーク女性で、その多くは彼女のような平均的な単身世帯の非正規労働者なのだ。

人妻デリヘルですね。指定されたラブホテルに行って、水着とかナースとかセーラー服とかコスチュームの指定があって、男性がシャワー浴びている間にコスチュームに着替えて待つ、みたいな。基本的にもう相手の好きなようにさせています。店長に「未経験だったら相手に任せて、ダメなことはダメって言っていいよ」って言われているので、そのとおりにしています。

いまは休日のたびに風俗店に出勤し、見知らぬ男性たちと性的類似行為を繰り返している。風俗で稼いだ報酬をメモしていた。見せてもらう。4月2日2万3500円、4月5日2万2500円、4月11日2万500円、4月14日1万4500円、4月18日2万2500円、4月26日2万3500円。4月は副業で12万7000円を稼いでいた。なぜか風俗の話になってから表情は明るい。

本業と違って、風俗は自分が頑張っただけ、明確に収入が増えるのでやりがいはあります。派遣販売員はどんなに自分が、自分たちのコーナーでいちばんの成績を取ったとしても、1円の還元もない。派遣なので昇進も、人脈が広がることもない。ただただ横暴な社員に怒られないで明日も仕事ができるってだけ。そういう意味では、風俗は自分が評価される。楽しいです。勤めているお店は働いている女性が多い。いつも待機所に入りきらないくらい女性がいます。みんな普通の女性です。

兼業風俗嬢になってからの収入は、手取り21万円に風俗で稼いだ12万円を加えて、月33万円。休日を潰して風俗バイトに勤しみ、性的行為を繰り返し、ようやく男性の平均賃金531万5000円（国税庁調べ）の8割弱になる。

——風俗はいつまでやるつもり？

結婚生活のとき、本当に男女が不平等だと思いました。これから独りで生きていくとなると、女性に与えられる賃金では生活はできません。派遣はなんの保証もないし、何度も絶望的な気分になりました。仕事をしながら働けるのは風俗だけだし、風俗はずっと続けようと思っています。

職場では真面目なベテラン販売員で通っているようで、風俗勤めをしているとは誰も夢にも思わない。卑猥な単語が重なる風俗店のプロフィールを、もう一度見せてもらう。

かわいらしい若妻、正真正銘の素人さん。美形の美乳でお色気も満点！すぐに吸いつき

たくなるようなプルンとしたオッパイはたまりません!! スタイル抜群で甘えん坊♪

国や各産業、そして給与や家計の行き詰まりは、すぐに風俗の女性たちの傾向に現れる。女性がカラダを売る仕事に就くキッカケはほぼ100%が経済的な問題であり、もう10年ほど前から、裸の世界は彼女のような一般女性であふれ返っている。いま夜の世界の女性たちに、かつてのような過剰な消費を繰り返して破綻したり、闇金に手を出してやむをえず風俗で働くというケースは数少ない。ほとんどの女性は月3万～5万円程度のお金が足りなくて、その選択をしている。

これから社会人としてキャリアを積むことや、近い将来に恋愛や結婚、出産することを考えると、一般女性は裸の仕事にかかわらないほうがいい。グレー産業であり、目先のお金のために大きなリスクを背負っていることは間違いない。

同一労働同一賃金でも住宅扶助でも、男女平等でも、仮になにかしらの形で一般女性の可処分所得が月3万～5万円増えたり、男性と同等程度に実質賃金が向上すれば、風俗で働く女性は大幅に減少する。続々とカラダを売る世界に女性が流れている現状は、個人というより、もう国の問題なのだ。

女性の平均年収以上を稼ぐ佐伯さんが、生活苦と現状への不安から風俗で働く——。家電量販店の携帯電話売り場にあったその現実は、現在の日本の苦しい状況を映しだしていた。

図書館司書の8割以上は非正規職員

派遣社員の佐伯さんは風俗嬢になって賃金が上がり、明るい雰囲気だった。

カラダが売りものになる性風俗は女性の人権を迫害する象徴的な存在にされ、時代に求められて力をつけてきたフェミニスト団体のかっこうの攻撃の的となっている。男性の欲望を解消するために女性が性的なサービスをする産業の根本が男性優位であることは確かだが、実際に従事する女性たちはメリットもデメリットも自覚したうえで、それなりに前向きに働いている。

現状の男性優位な社会では、苦しい状況の女性が風俗で働くことで男性から再分配されることに目くじらを立てて拒絶してもメリットがない。長時間労働をして健康を壊すのが関の山である。

佐伯さんは外見が年齢より若かったのと、結婚に失敗したことで精神的に自由になり、裸になる大胆な選択をしていた。そして、その選択に満足していた。

風俗嬢の人数は常時30万人程度で、当然そこに足を踏み入れるのは非正規女性のごく一部だ。女性の非正規雇用は全体の過半数を超え、平均賃金は150万8000円（国税庁調べ）と安く、とても大都市圏で家賃を払って単身で暮らしていける金額ではない。たとえカラダを売る手段であっても、所得が増えることで生活に満足していれば、それはそれでいいことだ。

しかし、圧倒的多数の非正規女性たちはカラダを売るという選択はしない。ただただ、理由のわからない貧しさに苦しんでいる現実がある。

平成からはじまった現代の貧困の主な原因は、企業の生産性向上のために国が決断した雇用の非正規化だ。昭和時代のように不幸で不遇だった特別な女性だけが陥っているわけでなく、真面目に生きている一般女性までを飲み込んでいることに疑義と得体の知れない不安を感じる。

都内で単身で暮らす非正規雇用の図書館司書に会うため、閑静な住宅街に向かった。真夏の陽が痛い。アスファルトからは湯気のように気体が立ち昇る。門構えが立派な高級住宅が建ち並ぶ中に、公営図書館はあった。公園が隣接し、放課後に遊ぶ小学生や小さな子どもたちの声が聞こえる。

谷村綾子さん（仮名、37歳）は、この図書館に勤める図書館司書だ。館内に入ると緊張感のある静かな雰囲気で、司書たちはカウンターで貸出・返却業務、カートを押して本の整理、カウンター奥の事務スペースでは黙々と事務作業をしていた。館内は広く、週刊誌や文庫本から専門書、地域の資料まで幅広い分野の本が揃っている。

終業時間は17時15分、必ずその時間ぴったりに仕事は終わる。隣の公園で待つと、17時20分にはやって来た。谷村さんは黒髪、清楚で堅いイメージ、おだやかで真面目そうな女性だった。

市の嘱託職員になります。図書館で働く司書の8割くらいは非正規雇用で、給与は安いです。未婚で、ひとり暮らしなので正直、毎日不安と焦りばかりです。

自治体の仕事は義務教育機関や福祉施設の運営、公園管理、文化観光、清掃、防犯防災などなど、幅広い。膨大な業務があり、とても公務員試験を受けて採用された正規職員だけではこなせない。それぞれの公共機関で多くの非正規職員を雇用して、膨大な業務をなんとかまわして地域サービスを運営している。

駅近くの喫茶店で話を聞くことにした。駅に向かって歩きながら、給与明細を見せてもらう。支給総額は17万円。所得税、住民税、社会保険料を引かれて、手取り金額は13万3442円。賞与はなく、年収204万円で手取りは160万円程度だった。谷村さんは平均的な非正規労働者であり、全女性の平均年収287万円（国税庁調べ）と比べると賃金はかなり低い。

この収入で、東京でひとり暮らしをするのは、あまりにも厳しい。計算したかのように生活保護とほぼ同程度の金額であり、とても平均的な生活はできない。家賃5万円のアパートでひとり暮らし。手取り給与から家賃を差し引くと、月8万3000円しか残らない。本当に誰が決めたのか、ほぼぴったり生活保護の最低生活費と重なる。

谷村さんは忌まわしい〝官製ワーキングプア〟の当事者だった。

官製ワーキングプアとは地方自治体の役所や公共施設などで臨時職員、非常勤職員という形で雇用されている労働者のことだ。また低賃金が社会問題になっている介護職や保育士なども、賃金のおおよそは制度設計している国が決めるので官製ワーキングプアの範疇となる。

介護や貧困の取材をしていると、国の意図や意向は透けて見えてくる。正直なところ、国や行政の公務員以外の職員には、お金を払うつもりはまったくないといえよう。公的事業を手伝ってくれる国民や市民を貧困層として生活させようという自覚があって、意図的に労働者を貧困ギリギリのラインに落とし込んでいる。

図書館司書などの臨時職員、非常勤職員や介護保険の制度設計を見ていると、あきれるほど露骨であり、国や行政が目指しているのは「(公務員ではない労働者には)お金を限界まで払わずに、最大限の効果を出すこと」といって間違いない。

私は福祉や介護業界の取材で、非正規化にどっぷりと依存する公的事業の絶望的な現実をみてきた。

特に介護は人手不足が問題となっていて、国や行政は予算をつけて若者を介護に引き込もうと必死だ。予算がついているので、未来のない貧困地獄への誘導に、多くの関係者や意識が高い学生団体などが加担している。

私は機会あるごとに「未来のある若者は福祉職に就いてはいけない。生産をして稼いで税金を払おう」というニュアンスのことをいっているが、福祉という聞き心地のいい産業の宣伝文句の美辞麗句は凄まじく、夢をみたい若者たちにそのような現実的な言葉は届かない。

最近は大学に福祉関係の学科などがたくさんでき、本当に簡単に美辞麗句に誘導されてしまう。彼らは現実を知ると「こんなはずじゃなかった」という不満を抱える。

一連に加担する関係者や学生団体は、不満を抱える若者たちに資格研修や自己啓発セミナーのような商品を投下し、結果的に長期間に及んで搾取するという貧困ビジネスモデルとなっている。

正直、若者たちの人生を潰すことが前提のウンザリする最悪ビジネスだ。これからを生きていかなければならない若者を、自分の自己実現のために貧困に陥れるなど言語道断の愚行である。

その日暮らしは十分できます。もっと経済的に厳しい人がいるのも十分承知はしています。けど、ずっとギリギリの生活で、なんの贅沢もしていないのに貯金すらできない。嘱託は1年契約、更新は最長5年と決まっていて、いまは4年目です。来年はすごく頑張っても、仕事で成果を出しても確実にクビになります。低賃金なので蓄えはないし、年齢ばかり重ねて、私はいったいどうなってしまうのだろうって。

１９９９年、２００４年に労働者派遣法が改正された。社会全体でどんどんと雇用が非正規化されていく中で、最も非正規化を推進したのは地方自治体である。小泉純一郎政権時代の構造改革で、地方自治体への交付金が削減され、役所は人件費を抑えることに舵を切った。いままで公務員が行っていた業務を非正規職員に切り替えて、そして、官製ワーキングプアが生まれた。

ターゲットとなったのは女性だ。図書館司書や介護福祉士、保育士、窓口対応などの仕事が次々と非正規化された。さらに現場職員の非正規化だけでなく、２０００年代からは保育園や介護施設、最近は図書館などを丸ごと民間委託（アウトソーシング）するようになり、自治体が支払う委託費は安く、深刻な低賃金の温床となっている。

勤める図書館は、自治体が運営している。司書の8割以上は非正規職員で、2割程度が公務員という。非正規雇用の図書館司書は例外なく、計算したかのような最低生活水準の有期雇用契約を結ばされている。

これまでの安定した公務員の良好なイメージを利用しながら人材を集め、ギリギリの生活しか送れない低賃金のシステムに誘導して、人材を使い捨てている。単身女性を有期雇用で最低生活費程度の可処分所得しか残らない低賃金で働かせているとなると、もうそれだけで悪質だ。

安定した公務員のイメージに誘導された比較的真面目な人々は、有期雇用を結ばされてまったく将来の見えない不安を抱えたまま働いている。職業選択の自由があるので自己責任といえばそれまでだが、安定したイメージのある役所が人材を問答無用で使い捨てるとは、一般的にはあまり想像がつかない。こんなはずじゃなかったと思っているのは、彼女だけではないはずだ。

家賃5万円の自宅は最寄り駅から15分と遠く、築年数も古い。福祉物件と呼ばれる部屋で暮らしている。仕事はシフトによって終業は17時15分か20時15分。いつも仕事帰りに駅前のスーパーマーケットで割り引かれた食材や総菜を買い、帰宅する。部屋にはテレビもパソコンもない。低賃金で数万円など貯まりようがないので欲しくても買えない。調べものは分割で買ったスマートフォンでしている。夕飯を食べて家事をして、休日や空いた時間は自宅で勉強をしている。

不安しかない日々に悩んだ末、4月から学芸員の資格を取得しようと、通信制大学の科目履修生になった。公的機関の非正規雇用に悩んで、貧しさから抜けたいのに学芸員の資格取得をすることに驚いた。これが少なくないだろう真面目で貧しい人たちの行動パターンなのだ。医療事務や介護系の資格を取得する人たちも、まったく同じ人種といえる。

漠然とした不安感を消すため、貧しい人々はその原因を考えるのではなく、さまざまな資格が掲載されているフリーペーパーを貪るように眺めたりする。そして、難易度の低い資格を取得しようと勉強をはじめる。費用と時間がかかるのでさらに生活は圧迫される。勉強をやり切って実際に学芸員資格を取得しても、生産するわけではない文化事業なので、人並みに暮らしたいという悩みが解決する可能性は極めて低い。

貧困から抜けだすために投資した時間と費用を取り戻せないどころか、マイナスとなる。結果としてもっと深く悩むことになり、負のループに陥る。

地方自治体に非正規雇用されて、さらに資格取得の勉強をする谷村さんは、現状のままだとまったく未来がない。

スマホを持っているから貧困ではない？

最低生活費にピッタリ合わせた雇用契約書を結ばされる谷村さんは、生活が苦しいことはもちろんだが、それを超えて貧困該当者である。

２０１６年８月18日のＮＨＫ「ニュース７」で、子どもの貧困問題が取り上げられ、名前と顔を出したある女子高生が登場した。撮影された部屋の中にアニメグッズがあったことから炎上して、「どこが貧困だ」という女子高生への誹謗中傷がネットにあふれかえった。アニメグッズやランチを食べているから貧困じゃない、嘘をつくなという論調が多勢を占めた。

日本は労働者派遣法の改正によって階層、階級社会になってしまった。人々は同じ階層、階級で人間関係を築いていくので、下階層の貧困は見えにくい。なにが貧困かが共有されていないので「スマホを持っているから貧困じゃない」など、個人の価値観だけで判断して当事者を傷つける。

自己責任論やバッシングで貧困に蓋をしても、最終的に貧困者を支えるのは各人の税金で成り立っている国や自治体であり、結局は自分たちに不利益として返ってくる。安易な勢いに任せたバッシングは、不毛以外の何ものでもないのだ。

日本の貧困はＯＥＣＤ加盟国の中で７番目に高く、国際的には貧困化が進んでいる国という評価だ。

貧困を測る指標として「絶対的貧困」と「相対的貧困」がある。絶対的貧困は衣食住にも不自由して餓死を想定にいれるような絶対的な貧困状態のことをいう。先進国では一般的に「相対的貧困」が貧困の指標として使われている。

相対的貧困は「世帯の可処分所得を世帯人数で割って算出した金額が全人口の中央値の

半分未満」という定義である。厚生労働省「国民生活基礎調査」での可処分所得の中央値は244万円だった。その半分なので年122万円未満で生活する人は、相対的貧困に該当、貧困であるという判断がされる。

谷村さんは手取り13万円で、家賃を引いた可処分所得はたった月8万円しかない。可処分所得は年間96万円なので貧困状態である。官製ワーキングプアの明らかな問題点は、自治体で真面目に高い意識を持ってフルで働く職員が貧困状態ということだ。

典型的な当事者である彼女の生活をもっと見ていこう。

お金がないので、外食や交遊、買い物はほとんどしない。仕事、家事、勉強を繰り返す孤独で単調な生活で、刺激のない生活に不満はないが、とにかく来年、再来年生活ができるのかという不安だけは、常にぬぐえない。

毎日職場と自宅の行き来だけ。テレビもパソコンも持っていない。職場は静寂した空間で、職場の人間関係も深くはなく、日常生活に外部からの情報はほとんどない。真面目に仕事をしているのに、なにかおかしいと思う。しかし、どんなに悩んでも「私これからどうなっちゃうの」と不安だけしか残らない。

「図書館司書は専門職です。私は子どもたちのための児童書や児童文学に詳しくて、たまに自分が企画してフェアみたいな企画をやっています。

現場職員が業務にプライドを持って、どんなに前向きに取り組んでいても、それを雇用主である自治体は認めない。非正規は安く使える駒でしかなく、期間に上限のある有期雇用なので、決まった期間を働いてもらえばいいだけだ。サービス提供される市民も住民税を払っているので、その頑張りは当たり前の住民サービスくらいに思っている。

仮に非正規職員の成果を認めたとしても、使い捨てが前提のシステムの中で最低生活水準の雇用契約を結んでいるので、報酬や雇用形態に反映させることはできない。まともな上司が言葉で労う程度がせいぜいだ。彼女は、どうあがいても貧困から抜けだすことができないのだ。

でも役所は誰でもできるって考えているし、いくらでも交換ができる部品くらいにしか思われていません。だから、非正規なのでしょう。私は司書の仕事をどうしても続けたくて、いまここが2カ所目です。前は他県の図書館で働いて、満期5年で契約が切れてしまったので都内に引っ越しました。また、あと1年半しか仕事ができないって考えると不安で、たまに眠れなくなることもあります。

嘱託職員の雇用契約の更新は、最長5年と決まっている。勤務先の公営図書館は非正規職員が中心となって運営するが、館内では絶対に必要な人材であっても毎年、誰かが契約切れで辞めていく。非正規が無期雇用となる道はない。司書の仕事を継続したいなら、別の自治体が運営する図書館に非正規として再雇用されるしかない。

5年の契約が切れるとき、私は39歳です。すごく司書の仕事は好きで続けたいけど、またギリギリの生活から抜けられない覚悟をして、同じような非正規を渡り歩くか、またはほかに能力ないけど、もう少しまともな生活ができるような仕事をなんとか見つけるか。年齢もあるし、本当は将来がないなら、いますぐちゃんとした仕事を探したほうがいい気もするし。悩みばかりです。

どうやら真面目に働いても継続できる道のない状況に悩み、誰かに相談をしたくてこの取材を許諾したようだ。同じ司書の同僚は地方公務員だったり、非正規でも親元で暮らしていたり、配偶者がいたりする。単身ひとり暮らしの人は、誰もいない。勤務先の公営図書館で、貧困該当者は彼女ひとりしかいない。

さらに自治体はどこも財政難であり、図書館などの公共サービスは民間の指定管理会社に運営委託するアウトソーシングの流れがある。民間にさらに安く投げてしまおうという事情であり、将来的にも賃金上昇や雇用改善はまったく期待できない。まさに、絶望的だ。

働き続けないとホームレスになってしまう

話を聞いていた私からなにか意見がほしいという雰囲気があったので、「学芸員の資格を取得しても貧困から抜けだすキッカケにはならないかも」「雇用主の自治体が専門性を認めないのだから、もうどうにもならないかも」など、思ったことを伝えた。〝やっぱり〟という表情になって、ため息をついていた。

自分の仕事は専門職というプライドを貫きたい気持ちは理解できるが、自治体もサービス提供される市民も、その価値を認めない。どうしようもない。図書館のクオリティーやサービスが低下しても、それは運営する自治体が選択したことであり、市民にとってもただそれだけのことだ。

悩んでしまうのは、あと何年でクビという不安から逃れたいから。ひとり暮らしで貯金がゼロなので、働き続けないとホームレスになっちゃいます。だから、本当に、働ける期限があるのは怖いです。

やはり谷村さんは、一点の曇りもない真面目すぎる女性だった。

公的事業を信用してただただ誠実に責任を持って業務をこなし、住民のためにと成果を出して、図書館ではそれなりに満足される存在となっている。しかし、雇用主の自治体は「非正規を使って、なるべくお金を使わないで最大限の効果。できれば、さらなるクオリティーアップ」を望んでいる。

市場主義に反する矛盾が潜み、それを信じた真面目な市井の人々が犠牲になっている。生産するわけではないので市民の良心や性善説をお金に替えているともいえる。それを意図的にしていることが官製ワーキングプアの悪質な一面だ。

すでに自治体からアウトソーシングがされている介護や保育は顕著だが、超人手不足なのに賃金は上がらない。挙げ句に外国人労働者をどんどん入れることが決まったので、もう賃金が上がることはない。国と行政は現場で働く非正規には、生涯最下層として生きてもらうことを望んでいるのだ。

自治体だけでなく、民間企業でも賃金を削りやすいのは、素直で従順で文句を言わない人である。それは主に女性となる。彼女のような真面目で従順でおとなしく、情報が少ない女性が、真っ先に財政難の公共事業継続のための人柱にされたといえる。

先が見えない苦しさ、しんどさから解放されるには、非正規職員を犠牲にすることを決めている公的な事業から離れるしかない。この期に及んで「図書館司書は専門職、このままではダメになります」と主張するが、まだ生きていかなければならない現役世代の彼女は、プライドとキャリアを捨てて沈没船から離れて生産的な仕事に就くしか貧困から抜けだす道はない。

やっぱり正社員として働きたいって思う。きっと、まだ自分にもそういう働き方ができるというかすかな希望を持っています。あとは世の中にはボーナスがあると聞きます。もし、ボーナスをもらえるような職に就けたら、もっと人間らしい生活ができるのかなとか。

どうして、ただただ真面目に働いてきた女性が苦しむのか。切にそう思う。単身で暮らす20~64歳の女性の3人に1人（32%）が貧困状態（国立社会保障・人口問題研究所）にあり、さらに65歳以上の単身女性になると47%と過半数に迫る。日本は女性がひとりで生きていけない社会なのだ。

さらに図書館は財政難の自治体にとってお荷物的な存在であり、官から民への過度期に現場職員として働く彼女は、残酷なほどの正規と非正規の格差の渦中にいる。全産業での正規職員の平均賃金は321万6000円で、非正規は210万8000円と約6割程度の収入しかない（厚生労働省調べ）。

自治体の非正規職は階級、階層の固定化、アンダークラスの最前線であり、いますぐに逃げ出すべきなのだ。正直、国や自治体にお金がなく、現役世代が犠牲にならないと維持ができないなら、図書館はもうあきらめればいい。いらない。

――結婚することは考えない？

結婚すれば生活が変わるみたいなことはよく言われていますが、非正規で低収入な自分にまったく自信ないし、誰かが見初めてくれるとはとても思えない。やっぱり結婚とか出産は、普通以上の収入がある人の特権というか、自分にかかわることとはとても思えないです。

どれだけ話を聞いても、希望がなかった。最後にうつむきながら、さらに悲観的なことを語りだした。

一緒に働く2割くらいが正規の公務員の方々です。正規の方々が職場で話していることは、買い物とか旅行とか、子どもの教育とか、そういう話です。正規でちゃんとしたお給料があって、家族で暮らしている人たちは、子どもにたくさん習い事をさせて、年に何度か海外旅行に行くんだ……って。なにか別世界というか。私は飛行機代がなくて、いまの職場で働き出してから一度も実家に帰れていないのに。この差って、なんなのでしょう？　仕事を真面目にやっているだけではダメなのでしょうか。

安倍政権は「働き方改革」「一億総活躍社会」などの指標を立て、さらなる女性の社会進出を後押ししようと動いている。しかし、全雇用者の4割、女性の6割を占める非正規職員や、貧困に近い状態の生活を強いられている非正規雇用の女性たちが自分の力だけでその苦しい状態から抜けだせる道は用意されていない。

官製貧困に苦しむ谷村さんの取材を終え、吐き気がするような絶望感に襲われた。真面目に生きてきた女性が苦しむ姿は、見ていて本当に辛い。しかも、その加害者、計画者は国の制度だ。風俗やパパ活をする女性たちのほうが、何倍も幸せにみえる。

谷村さんが貧困から抜けだし、普通の生活をするためには図書館司書のキャリアをあきらめ、学芸員の資格取得もあきらめ、未経験の生産的な仕事に就く必要がある。それでも自治体の思惑どおりに、キャリアとプライドを捨てられずに図書館司書にこだわるのなら、居酒屋かなどでダブルワークして長時間労働によって差額を埋めるしかない。現在でも息切れしているのに、そんなことをすればおそらく心身を壊す。

異常な低賃金にもかかわらず、図書館司書というプライドを求めて心身を壊すまでしがみついて働いてくれれば、支出を減らしたい自治体には好都合だ。市民のために存在するはずの自治体が意図的に現役世代、地域住民を潰しているなど考えたくもないが、現実を見ていると、そう思わずにはいられない。

公的事業は安定や安心を求める人にはブランドで、非正規労働者が壊れたら契約解除し、新しい人材で埋めればいいだけだ。まさに部品交換である。

図書館だけでなく、介護施設や障害者施設、保育園などで、苦しい負のループに陥っていても前向きに働こうとする官製ワーキングプアの人をよく見かける。若い人だったら「いますぐ辞めたほうがいい」と伝えるが、なぜかみんな真面目に働いていれば報われると思い込んでいる。本当になんの希望もないのに、なかなか理解はされない。

築42年、家賃4万6000円の家に母親とふたり暮らし

振動がすごい。本当に、すごいんです。テレビの音も聞こえないし。


東京通勤圏の北関東地域の住宅街。宇野真知子さん（仮名、30歳）が母親と2人で住むアパートの前に立っている。メガネにポッチャリ体形の見るからに地味な女性で、片道2時間近い通勤時間をかけて郡部の零細企業に勤めている。

自宅は築42年、家賃4万6000円。老朽化する木造建物は、なんと線路沿いに建って

いた。ボロボロの防護壁を隔て、ギリギリ洗濯物が干せる程度のスペースを空けて建物があった。ライナー、快速急行、快速、急行、準急、普通の鉄の塊がひっきりなしに自宅の真横を、猛スピードで走り抜けていく。なんの防音も防振もない。直撃だ。

物干しみたいな枠があるので、そこに布団と洗濯物を干すことはできる。けど、電車が通ると砕石が飛んできます。砂利みたいな。だから洋服も布団もザラザラする。朝から晩まで音がすごいし、テレビの音が聞こえないし、それだけでも頭がおかしくなりそうです。無職の母は、一日中家にいるので健康状態は悪化の一途です。

玄関前までお邪魔したが、いちいち不快な騒音がして建物全体が揺れる。病弱な母親は、奥の部屋で音が聞こえないよう布団をかぶって眠っているようで、とても長居できるような場所ではなかった。徒歩20分以上かかる駅前まで戻ることにした。

宇野さんは、解体工事を請け負う零細企業の事務職をしている。職業訓練校を卒業、新卒で入社した。給与は安い。基本給13万5000円、職務手当4万7000円、時間外手当と現場手当が1万3000円、総支給額は19万5000円で、手取りは15万円程度。入社以来、昇給はない。さらに賞与はまちまちで、よくて年間10万円程度、まったくもらえない年もある。

社員5人未満の零細企業。事業が拡大するような雰囲気はなく、社員全員にギリギリ給与を払える程度の現状維持が続いている。成長のない零細企業では、キャリアパスはなく、昇給も見込めない。そして、ほとんどがいずれ潰れる。雇用契約も形式的に結んでいるだけで、わずかな昇給も経営者の気分次第という。彼女は「正社員！」と胸を張るが、有期雇用でないだけでパート労働者となにも変わらない。

毎月、家賃を除くと月10万円程度が残る。自分の携帯代や昼の食費を含めたお小遣いとして3万円を残し、7万円を母親に渡している。母親が管理する生活費の7万円は光熱費と食費だけで、ほぼなくなる。母親は騒音で音声がなかなか聞こえない劣悪な環境ながら、テレビしか娯楽がない。大河ドラマやサスペンス、月9ドラマを鑑賞して、あとは布団をかぶって横になって過ごしている。

この半年間、もう首を絞められるような苦痛です

駅前のカラオケボックスに入るなり、宇野さんは泣きだしてしまった。理由がよくわからないので、なにがあったのかを聞いていく。

なにもかもがおかしくなったのは、去年の8月から。父に我慢に我慢を重ねていた

母が離婚を決断して、父が出ていった。父が自己破産しているので慰謝料なんてありません。少しでも家賃を安くするためにいまの家に引っ越しました。不動産屋さんに4万円台は、ここだけと言われた。それから一日中、振動と騒音を浴びる生活です。

父親は現在68歳、母親は66歳。前期高齢者だ。母親は腰や膝、関節が悪く、この数年病院通いをしている。16年前に北関東に引っ越してから不健康なカラダに鞭を打ちながら、週3日か4日、最低賃金に近い時給で飲食店やスーパーでアルバイトをしていた。大黒柱の父親がいなくなった離婚後、少しでも収入を上げるためにと、週4日勤務の介護施設での清掃の仕事に就いた。

認知症専門の施設で、掃除にすごい薬品をたくさん使うらしくて、たった2カ月くらいで生活ができないくらいの手荒れになりました。手が溶けているみたいな感じ。あまりに酷かった。

母親の手は皮膚が剥がれるような状態だった。仕事だけではなく、家事も一切できない。母親がやっていた家事を全部背負うことになり、手荒れの酷い一時期は満足に手を使って食べることもできなかった。宇野さんが母親を介護する状態になった。

母は道具なんて持てないから、もう仕事はできません。施設からはなんの補償もないまま、自己都合で辞めさせられた。母はもともと父からのモラハラというか、ストレスが原因で健康状態は悪かった。手荒れから本格的に免疫力が落ちて、もともと悪かった腰と膝の骨がさらに悪化しました。寝込むようになって、いまも毎日元気がなくなっている状態です。

離婚前までは、毎月3万円を家に入れていた。低賃金なので父親がいなくなる窮地となっても、7万円を母親に預けるのが精一杯だ。母親は彼女が稼ぐ月7万円と、父親がいるときに貯めたわずかな貯金で、家族2人の最低限の生活をした。

しかし、漢方など、保険外の医療費がかさんですぐに貯金は尽きた。それから母親は「施設の清掃の仕事に戻る」「清掃だけじゃなくて、夜勤の仕事も見つけてダブルワークする」と口癖のように言うようになった。最近は働くと言い張る母親と「そんな仕事はダメ」と喧嘩を繰り返している。

私、介護の仕事が憎くて、憎くて。心からヒドイ世界だなと思うし、許せない。母を殺すわけにはいかないので、ヒステリーみたいな感じで「絶対にダメ」って言っています。私は低賃金で、これからも給料が上がることはない。普通に暮らすためには、最低でもあと5万円、できれば10万円くらい必要。母もそれはわかっていて月10万円のお金を得るには、清掃と介護職のダブルワークをするしかないって。なにも答えがなくて、もう生きていくのは無理と絶望しているのがいまです。

昨年末、自分ひとりで母親を支えるのは無理があると、市役所に相談に行った。窓口にいた役所の人間に生活が苦しい窮状を説明したが、親身には聞いてもらえなかった。「お母さんのために頑張ってください」と励まされ、体よく追い返されている。

母は、どう考えても働ける状態じゃない。毎日弱っていく姿を眺めて、この先ずっと母を抱えなきゃいけないのって、越えられない現実にぶつかった。どう考えても無理だった。だから役所に、私に依存するのではなく、母は母で生きていける術はないか聞きに行ったんです。私の知識不足もあって、あまり会話にならないまま、忙しいって話は終わっちゃいました。

そして、宇野さんは生活保護制度を知らなかった。相談したのは市民相談課だったという。私は「生活保護制度」と「世帯分離」を検索して調べるように伝えた。

誰か身近に相談できる人間はいないかと聞くと、首をふる。頼れる人どころか、近隣には知り合いすらいないようだった。そして、彼女自身も毎日顔をあわせる数人の会社の同僚以外、友だちや知り合いはまったくいない状態だった。

ここに引っ越してきたのは、中学2年のときです。他県から夜逃げして、家族で来ました。それまではデブってイジメられて、言葉が違うって誰にも相手にされなかった。父は建築系の自営業者で、小さな会社を経営していて、そこを継ぐと思っていた。だから、子どものころから工業高校を目指していたんです。そのころ、まだ父とは仲が悪くはなかったから。

近隣の工業高校に進学しても、誰にも相手にされない状態は続いた。イジメられることはなかったが、クラスメイトに無関心を通され、ほとんど誰とも話すことがないまま3年が過ぎた。

やっぱり孤独ってツラい。友だちに相手にされなくて、友だちなんかいらないって思い込んでいた。いらないって、こんなくだらない人たちと一緒に楽しいことするって、しなくてもいいじゃないって、こんなくだらない人たちって相手をさげすむことで自分を保っていたというか。やっぱり相手と私は違うって風に思わないとやっていけなかった。

カラオケボックスに入店して、1時間半。宇野さんはかなりプライドが高かった。自己評価が高すぎ、取材は若干難航した。人間関係の話でやっと「相手と私は違うと思わないとやっていけない」などの言葉が出たが、入学偏差値40を割る出身高校を上位校のように話したり、勤める郡部の零細企業や父親の会社を一流企業のように話したり、現実的な状況を理解するのに時間がかかった。

人生や生活において、人間関係が極端に少ない人は判断基準がズレる。自分のことを著しく高く相手に伝えがちだ。彼女は典型的だった。

さらに、恋愛も一度もしたことがないという。学生時代から現在に至るまで恋愛経験はなく、「人間嫌いですから」との理由だった。本当に孤独のようで、経済的貧困だけでなく、かなり深刻な関係性の貧困にも陥っていた。

そして、父親に対する苦言もはじまった。父親は自営業者、仕事関係の人物の連帯保証人になったことで破綻。彼女が中学2年生のときに家族で夜逃げして、自己破産している。夜逃げ後も仕事は続けて、貧しいながら家族3人が普通に暮らすことはできた。

この土地にきて10年くらいは普通に暮らせていたけど、おかしくなったのは5年前に父が脳梗塞になってから。後遺症も残らなくて軽く済んだけど、それまでも酷かったけど、母を怒鳴って泣かせるようになった。当たるというか。母は怒鳴られるのがすごく怖い人で、そのストレスで身体を壊した。父は脳梗塞以降は仕事も続かなくなって、収入もすごく減ったみたい。母がアルバイトをして補填していました。

仕事を転々としながら、なにか気に食わないことがあると母親に怒鳴り散らした。母親は一貫して我慢する。そういう日常だった。父親のモラハラはおさまることはなく、母親は昨年8月に離婚を決意する。彼女も賛同した。家族に愛想をつかされ縁を切られた父親は、捨て台詞を残して家を出て、現在は隣の県で暮らしている。

それまで暮らしたアパートは、家賃5万4000円だった。細々ながら家族の生活を支えたのは父親だ。母親と彼女は、環境を変えることと家賃負担を下げようと長年暮らした街から離れて、線路沿いのアパートに引っ越した。そして、母親は介護施設の清掃の仕事をはじめた。

貧困の中で生きていくためには、親兄弟、親戚などの血のつながり、地域の友だちや近隣などの人間関係の助けは絶対に必要だ。しかし、彼女と母親は一貫して人間関係を拒絶し、家族を切り、10年以上暮らした地域まで捨ててしまった。すべて悪い方向に向かう選択をしている。

人間関係がないので自分自身の選択を客観視する環境がなく、自己評価が高いので自分が間違っている自覚もない。〝生きるために必要なものを捨てている〟という感覚がないまま、どんどんと厳しい環境に追い込まれていた。

母親の健康が失われて、医療費がかさみ、負の連鎖が止まらない。そうして宇野さんひとりですべてを背負う現在を迎えてしまった。

母親を壊した父親と、母親の唯一の雇用先である介護業界を憎み、騒音と振動が一日中続く自宅で、療養する母親と「もう一度、介護で働く」「働かせない」とヒステリーに怒鳴り合う日々なのだ。


母の仕事は、もう年齢的に介護しかないです。「介護だったら月10万円なんとか稼げるかも」って言っています。腰と膝の骨が潰れているし、甲状腺の病気で免疫も下がっているから、とにかくカラダを大事にしてほしい。なのに、無理して働くって。「死ぬよ、殺されるよ」って言っても、全然聞いてくれない。嫌になるほど、頑なです。

市街地から郡部まで2時間かけて通勤している。勤める会社の近くに引っ越せないのは、母親の病院が自宅の近くにあるからだ。

私、人間が嫌いですけど、老人が一番嫌い。どうして老人が気持ちよく生きるために母が手荒れしたり、潰されたりして、私たちがこんなに苦しめられなければならないのでしょうか。そんな仕事しかない世の中とか、本当におかしいと思うし。最悪、一家心中しかないかな、とか考えてしまいます。私が男並みに働けて賃金がもらえれば、きっと生きていける。悩みすぎたけど、いまは少し前向きにそう思っています。だから転職とかに目を向けて私が稼げれば、母にカラダを酷使させることもないんだって。そう思っています。

話は終わった。最後、離職し、現在の生業を失う可能性も匂わせた。

彼女の性格、キャリア、学歴を聞く限り、転職で大きく処遇改善するのはおそらく難しい。しかし、人間関係がないので誰も相談をする人がいない。人間関係を捨て、地域を捨て、父親を捨て、そして本当に仕事を捨てることにも踏み切るような気がした。

おそらく、自力では厳しい現状からは抜けだせない。しかし、彼女は常に自分が正しく、人間関係を拒絶している。私は、なにも言わないでお礼だけを伝えて、東京に戻った。

第5章

45歳、仕事に応募する資格すらありません

東洋経済オンラインの「貧困に喘ぐ女性の現実」は、多くの方々に読まれている。

貧困女性たちの現実は少なくとも、大多数の一般女性にとって他人ごとではないということだろう。

厚生労働省「全国ひとり親世帯等調査」によると、母子世帯の世帯数は123万2000世帯、平均年収は243万円だ。

これは養育費や児童扶養手当を含んだ金額であり、予

想どおりに厳しい数字が継続していた。

すでにさまざまなデータや研究でシングルマザーの貧困問題は可視化され、あらゆる方面から警鐘が鳴らされている。

シングルマザーの貧困問題には、雇用の非正規化、男女格差、核家族化、離婚率の上昇、子どもの貧困など、現代の社会問題が凝縮されている。

データではシングルマザーの貧困は深刻になっていることがわかるが、具体的にはどのような状況なのだろうか。

引き続き「個人の物語」としてシングルマザーの貧困を見ていくことにする。

ある郊外のＪＲ駅。シングルマザーの村上尚子さん（仮名、45歳）と子どもたちが居住する県営団地に向かった。

閑散とした駅から30〜50分に1本しかないバスに乗って約20分、ようやく団地に到着した。東京通勤圏のベッドタウンだが、恐ろしく不便だった。団地は古い、築50年近くか。地元では貧困世帯が多いことで有名なようで、外壁は老朽化して黒ずみ、すべての郵便ポストは錆ついていた。

村上さんは中学生と高校生になる3人の子のお母さんだ。隣の駅前にある勤務先から帰宅して、慌てて子どもたちの夕飯をつくる。「今日、帰りが遅くなるから」と書き置きして、我々が待つ1階に急いで降りてきた。

本当に忙しいです。朝5時半に起きて子どもたちのお弁当をつくって、洗濯して、バスに乗って会社に出社して、買い物して、ご飯をつくって、片付けて、お風呂入って洗濯して、自由になる時間は23時過ぎになります。それで、ひと息つければいいけど、いつもそれから明日、明後日のお金のことで悩む。本当にずっと最低限の生活しかしていないのに、お金はまったく足りない。最近、すごくこわいのがＮＨＫの集金。もし来たら、どうしよう、どうしようって眠れない日もありました。こんな生活がもう、15年も16年も続いています。ずっと苦しいし、希望はなにもないし、なんのために生きているのだろうって。生きているだけで死にそうです。

生きているだけで死にそうと、ウンザリした表情で語る。

非正規の事務職で時給1000円

県営団地は収入によって家賃が変動する。非正規労働者で収入が低く、子どもが3人いる村上さんの世帯は、貧困者が集まる団地の中でも所得は低い層だ。毎月支払う家賃は1万7000円と安い。6年前に知り合いからタダで譲ってもらった軽自動車を所有し、団地敷地内にある月3000円の有料駐車場に置いている。走行距離は12万キロを超えて、ギリギリ動くという状態だ。資産としての価値はまったくない。

仕事は非正規の事務職で時給1000円。先月の給与振込額は12万1426円だった。地域の主婦層を雇用するサービス業の非正規やパートと比べると、時給は破格に高いようだ。しかし、賞与があるわけでなく、就労所得は年間150万円を割り込んでいる。

ひとり親世帯に支給される児童扶養手当は子ども3人で月5万8000円、児童手当月1万円、月の収入はすべて合わせて月19万円程度にしかならない。子どもが3人いるにもかかわらず、ただでさえ問題となっている母子世帯の平均収入を下回っている。

この地域の生活保護基準と、村上さん世帯を比較する。

この居住地の母子家庭4人世帯の最低生活費は、生活扶助17万5160円、母子加算2万3900円、児童養育加算3万円、住宅扶助5万6000円だった。子ども3人で居住する生活保護世帯には合算して月28万5060円が支給されている。

村上さん世帯は生活保護より、月8万円も低い。申請して保護世帯になればおそらく差額は支給される。国が定めた最低限度の保障より、低い水準で暮らしているので苦しいのは当然だ。

村上さんは、なにも怠けているわけではない。地域の非正規パートの中では賃金が破格に高いといわれる仕事を探して就き、週5日フルで働き、子育てをして忙しい日常を送っている。頑張ってその状態だから、「生きているだけで死にそう」という言葉は現実的だ。抜けだしようのないワーキングプアでは、希望を持ちようがない。

この団地に住む世帯の大多数は母子世帯という。

地域の福祉の査定は厳しく、母子世帯の生活保護の受給は、なにかと理由をつけて断られるのが基本という。団地のほとんどは生活保護に頼ることなく、母親が非正規で働いて自力で生活をしている。村上さんだけでなく、近隣住民が〝みんな〟死にそうな貧困に苦しんでいることになる。

子どもが中学生になると、どうしても食費はかかるので、買い物はすごく気を使います。極端に安い店でしか買いません。コンビニは一度も使ったことがないですし、家族全員で外食したことは一度もありません。本当に申し訳ないけど、子どもたちは外食の経験がない。日々、気をつけているのは、無駄遣いは当然、しないこと。それと買い物する時間ですね。スーパーなら18時半すぎ。お肉でもお魚でも半額シールが貼ってあるものだけを買う。それは私だけではなくて、団地のお母さんは全員そうしています。半額食材だけを買うという環境で子どもも育っているので、自分でも半額シールのものをちゃんと買ってきます。

収入は生活保護基準を割っていた。家計はどうだろうか。支払いは家賃と駐車場代で月2万円、光熱費月1万5０００円、定期代月1万2０００円、携帯代3０００円×2台、固定費は5万3０００円かかっている。

月の収入は19万円で固定費を引くと、13万7０００円。4人家族がそのお金で食費、学費、それに被服費、遊興費、交通費、生活雑貨・日用品費、医療費、車の維持費などを賄っている。2年前から現在高校3年の長男はアルバイトして2万円を家に入れてくれる。それでも、お金はまったく足りていない。

いまの時給1000円のパート事務も、1年前に探しに探して、やっとたどり着けた時給1000円です。それまでずっと時給850~900円だったので、もっと生活は厳しかった。ハローワークは44歳以下の区切りがあって、私は45歳なので多くの仕事は応募する資格すらありません。正社員とか、手取り20万円をもらえる仕事は皆無です。求人数はたくさんあっても、ほとんど全部が時給850~900円の非正規雇用。さらに年齢的な問題で収入はよくて一生このまま、もっと低くなっていく。いま、中学1年の下の子が中学卒業すれば、夜にダブルワークはできるかもしれないけど、いまは息つく暇さえないくらい忙しい。シングル家庭の限界です。無理です。

疲れた表情で、訴えるように語る。

彼女は紺のジャケットとスカートを着ていた。サイズは小さく、袖が短い。近隣の国道沿いにあるリサイクルショップで、400円で購入したものだ。洋服は古着しか買えないし、買わない。駅前にある「ユニクロ」や、国道にある「しまむら」は、価格が高くて手が出せない。値段が安ければ多少のサイズ違いは目をつむるしかない。

本当はキッチリしたサイズのものを着たい。けど、洋服は500円を超えると買えないので仕方がないです。私は子どもが3人もいるからどうしてもダブルワークは無理。団地のシングルのお母さんたちは、みんなダブルワークしています。だから、団地の中でもうちが一番貧乏だと思う。母子家庭は正社員で働いている人は少なくて、ダブルワークだと平日と休日に仕事を持つか、昼間と夜の仕事を持つか。だから団地内ではシングル家庭同士で協力し合うんです。たとえば病気、伝染病で学級閉鎖になったら「今日休みだから、うちで子どもを見るよ」とか。それと制服とか洋服は、お下がり。ランドセルとか中学校の制服は、団地全体で共有していて、団地をぐるぐるぐるぐる回っています。新品を買ってあげたいけど、どうしても買えないのです。

団地はほとんどが似たような境遇の貧困の母子家庭で、助け合うタテヨコナナメの共助が自然発生していた。

まず、同じ小学校に通う子ども同士が仲良くなり、シングル家庭同士で家族ぐるみの付き合いとなる。進学のときは、制服や学用品を揃えなければならない。子どもたちの中学、高校進学は、貧困家庭にとって壁であり、最低限の出費で済ませたいと、母親たちは団地内で必死に「制服がほしい」と声をかける。制服や学用品を団地で共有する。

うちはいちばん下が中学進学だったので、なんとか指定のカバンと学ランはもらえました。新品は6万～7万円もしますから。それと真ん中の娘が着ている中学の制服は、いまは違う棟の小学6年生の女の子にあげる予定です。直接はやり取りしていないけど、団地内の人づてで「ほしい」って情報が入ってくるからあげる。そうやってみんなで協力して、子どもたちの進学は乗り切る。

JR駅からバスで20分という不便な立地だ。団地の周辺はなにもなく、ベンチに座って話を聞いている。

お金がかからない部活を選ぶ次男

中学1年生の次男が帰ってきた。村上さんは「夕飯置いてあるから。2~3時間で戻るね。お姉ちゃんにも言っておいて」と声をかけていた。次男が持っていた黒い革製のカバンは、確かに使い込まれてボロボロだった。

次男はなんの部活がお金がかからないか自分で調べて、陸上をやっているみたい。好きなことをさせてあげたいけど、やっぱり無理なので子どもがそう気を使ってくれるのは正直助かる。長男は学費のかからない県立の職業訓練系高校に進学して、中学3年の長女は高校行かないで働くって言っています。長女には「公立だったら高校進学していいよ」って言っても、働くってクビをふる。住んでいるのは昔の団地なので、すごく狭い。長女は早く働いて、狭い家を出たいって意識があるみたい。それで長男は週5日くらいアルバイトして、最近は月2万円を入れてくれるようになって、本当に助かっています。

日々を乗り切ることで精一杯で、子どもたちの学校生活や成績などは詳しく把握していない。当然、塾にも行けないし、参考書も買えない。話を聞いていると長女と次男は、平均的な学力を備えていないようだった。

高校進学率は98・8％（文部科学省調べ）で、日本では40年以上、9割を超える子どもたちが高校に進学する。長女は就職先をどうするか、これから担任と話し合うようだが、一般的には学歴と収入は直結する。そのまま貧困が長女に遺伝する可能性は高い。どうして、その選択になったのだろうか。

子どもの学力とか進路は、シングルとか貧しさのせいにしたくないけど、やっぱり関係があるとしかいいようがありません。私も長女のときにすごく悩んで、いろんな人に相談しました。うちだけじゃなくて、団地の子たちは小学校の高学年くらいから授業についていけなくなります。中学生になると、もう成績は下のほう。普通の家庭の子どもは小学生で公文をはじめて、中学生になったら塾に行く。でも、そんなお金はない。それにダブルワークするお母さんたちは、夜に家にいない。子どもたちに家で勉強する習慣がつくわけがないですよね。毎日、普通に食べさせるだけで精一杯で、勉強まで手がまわらない。だからシングル家庭の子どもは、もともと頭がいい子じゃないと、勉強についていけなくなる。だから、学校が面白くない。高校には行きたくない、働きたいってなってしまうんです。

無事に高校進学しても、高校は団地内に制服のお下がりがない。しかし、新品の制服やカバンは買えない。貧困家庭は費用を負担することに躊躇して、親が進学を快く思わないことが多い。子どもたちは中学卒業を区切りに、ある程度の自立を迫られる。高校進学してもアルバイトをはじめて、中学校と同じように授業についていけなくなり、多くはすぐに中退してしまうという。

どこか高校へ滑り込んだとしても、今度はアルバイトするじゃないですか。アルバイトが大変で、朝起きられないで高校に行けないとか、それでもっと授業に遅れちゃう。ついていけなくなれば、高校はもう赤点取るとダメじゃないですか。中学までは勉強ができてもできなくても、学年は上がっていくけど、留年になって辞めちゃうとか。就職なんてできないから、そのままフリーターです。それか非正規の工場とか介護施設とか。そうやって貧困が子どもたちに連鎖しちゃう。それが現実です。うちの長男は本当に頑張っているほうだと思う。

現在、中学3年生は6割以上が塾に行く。貧困家庭と一般家庭の子どもたちの学力の差は、どんどん広がるばかりで、それが子どもたちの将来の収入に直結することになる。お茶の水女子大学「全国学力・学習状況調査」で、保護者の世帯収入と子どもの学力差が比例することがわかり、話題になっていた。特に算数でその傾向が現れて、年収200万円未満と1500万円以上の世帯の子どもで100点満点中20点ほどの差がついたという。それが子どもの貧困で最も問題になる「学力格差」問題だ。

やはり、貧困家庭である村上さんの子どもたちも学力は低かった。子どもの貧困は国会でも問題になり、いまは貧困家庭の子どものための「学習支援事業」がはじまっている。いま、全国各地で無料塾が続々と開設されている。

子育てする普通の専業主婦だった

現状の生活を訴えているだけだが、話を聞いているだけで、苦しい状況が目に浮かんでくる。貧困は苦しいが、慣れる。その状況が当たり前となる。貧困が遺伝して希望がない未来を迎えることは、親も本人も自覚していないことがほとんどで、自覚があったとしても親たちは日々の生活を乗り切ることで精一杯だ。

子どもの学力まで気がまわらないのは村上さんだけでなく、ひとり親世帯の親はみんながいう。中学校で勉強についていけなくなり、偏差値の低い高校に進学して中退。そして貧困が遺伝することになって、子どもたちの苦しみはずっと続く。それは一般的な貧困家庭の姿なのだ。

学力のない子どもたちが将来的に不利益を被ることを自覚する村上さんは、一般家庭に育っている。ビジネス系の短大を卒業したときは、就職口はたくさんある売り手市場の時代だった。上場企業に一般職として入社。27歳のときに社内結婚して、長男の妊娠出産で寿退社をした。

元夫は同じ会社で、若くして店長になった仕事ができる人でした。付き合いはじめたら子どもがすぐできちゃって結婚しました。収入もよかったし、最初は子育てしながら普通に専業主婦でした。離婚の原因は次男を妊娠したとき「堕ろせ!」って言われたから。そんなこと考えられないし、もう離婚しか選択肢はなかった。

13年前、32歳で離婚。月3万円×3人、毎月9万円の養育費を元夫が払うという約束で協議離婚してシングルマザーになった。同時にこの団地に引っ越し、家賃は格安、頑張って働けばなんとかなるという計算だった。

ひとり親になったことで生活が苦しくなることは覚悟していたが、まさか自分が抜けだしようのない貧困に陥るとは思っていなかった。

母子家庭になったばかりのころ、車で40分ほどの実家の母親に育児を手伝ってもらいながらパート勤務をした。元専業主婦が働きに出ても、雇用は時給パートしかなかった。月10万円を稼ぐのがやっとだ。養育費だけが頼りだった。しかし、毎月9万円の養育費は、半年ほどでいっさい支払われなくなった。

どれだけ払ってほしいって頼んでも、無理って。最後は電話にも出なくなりました。本当にどうしようって青ざめました。

子どもを3人抱え、最低生活基準を割り込む貧困がはじまった。

残念ながら、養育費の未払い率は8割を超える。ほとんどの母子世帯は元夫から養育費をもらえていない過酷な現実がある。

私のまわりにも、子どもの養育費の支払いを約束して離婚した友人知人が数人いる。

だが、賃金が低くて余裕がない、新しい生活のほうが大切、元妻を恨んでいる、といった理由で養育費を払っていない。さらに法律をある程度知っていれば、強制執行は難しく、訴えられても逃げることができるとわかっている。民事なので支払わなくても逮捕されるわけではない。

約束どおりに養育費がもらえれば、母子世帯は本当に楽になる。しかし、実質的に罰則のない養育費の支払いは本人たちそれぞれの良心の問題であり、崩壊して離婚し、離れ離れで暮らす家族への責任より、いまの自分の生活のほうが大切という男性がほとんどということになる。罰則やペナルティがない以上、当然という結果となっている。

シングルマザーの貧困は簡潔にいえば、お金が圧倒的に足りないことがすべての原因だ。実家からの支援がない、非正規雇用しか就けないひとり親世帯の母親が、元夫に養育費の支払いを拒絶されるともう致命的だ。女性が男性並みに稼げれば、長女が高校進学を拒絶するような深刻な貧困には陥らない。

このまま放置をすれば、貧困は子どもに遺伝されて格差が広がるばかりである。女性が稼げる雇用を整備するか、父親の養育の責任を厳格化するか。離婚して生活は別々でも、子どもは一緒に育てていくという状態にするしかない。

結婚前みたいに正規職に戻れば、なんとかなるって思っていた。けど、甘かった。

保険の外交員をやっても自分の保険を払うとかすると、全然お金が残らない。シングルでもできる仕事は時給850円。その賃金でどうやって暮らせというのでしょう。生活保護も考えて窓口に行きました。でも、車を所有しているってことで断られました。こんな場所で車なしに、どうやって生きていけっていうのでしょう。本当に誰も助けてくれないし、見放されたと思いました。

次男が5歳のころ、とても生きていけないと福祉事務所に相談している。たまたま受付した担当者に資産を聞かれ、車の所有を伝えると、相談は即打ち切られた。5分程度だった。パートの時間は子どもの面倒を見ることができない。実家の母親に泣きついて、自宅や実家で子どもを見てもらっていた。週に何度も実家と自宅を車で行き来するので、車は生活必需品で、なくなったら生活は破綻する。それを説明する時間も与えられなかった。

福祉事務所に生活保護を断られた時点で、国とか行政に頼ることはあきらめました。もう誰も助けてくれない。だから団地のお母さんたちと話すのは、いつもお金と老後の話。ここの建物なくなっちゃったら、私たち最後どうやって死のうかって、そんな話ばかり。絶望しかないですね。

浮かない表情で話しながら、希望がまったく見えない自分自身を再確認しているのか、何度も深いため息をつく。いくら悩んでも、安心して暮らせる解決策はない。男性優位の日本社会は、シングルマザーには本当に厳しい。

子持ちで離婚したら、もう普通に生きようがない。昔の人は離婚が少なかったじゃないですか。母親はなんでも耐えた時代だったんだと思う。子どもを育てながら生きるってことにも大きな価値があるはずなのに、一切認められない。女性はしょせん補助的なものという意識があって、だからパート賃金がこれだけ安い。子どもを抱えて離婚したら、もう終わり。全部、自己責任。私だけじゃなくて団地のお母さんたちの苦しむ姿を見ているから、長女は絶対に将来は子どもを持たないって言っています。それは正しいと思う。

日本は婚姻が減り、離婚が増えている。2018年は59万件の婚姻に対して、20万7000件の離婚だ（厚生労働省調べ）。3組に1組は離婚している。彼女は一般家庭に育ち、就職し、寿退職して子育てした典型的な一般女性だ。

現在、壮絶な貧困に苦しむ彼女の身に起きたことは、夫からの堕胎の要望を拒否して離婚、元夫は養育費を払ってくれなかった。ただ、それだけだ。

空は暗い、団地のそれぞれの家庭に明かりが灯る。夕飯だろうか、子どもたちの声が聞こえる。話が終わると、村上さんはスマートフォンを取り出し、Facebookを眺めていた。

つながっているのは、高校、短大時代とか前の会社の友だち。みんなディズニーランドに行ったとか、海外旅行行ったとか、有名な店に行ったとか、そんな話ばかり。

いつも黙って〝いいね〟を押している。

子どもに精神疾患を隠して生活

子どもが3人もいる貧困家庭に生活保護が届かなくて、いったいなんのための社会保障なのだろうか。

生活保護はシノギだよ。本当に日本は生きやすい、ははは。

村上さんの話を聞きながら、私のかなり身近にいる知人の生活保護受給者を思い出していた。彼は子どもを抱えた父子家庭で、10年以上、生活保護を受給している。

さすがにお金持ちではないが、都内の超一等地（の団地）に住んで高級車を所有、次々と現れる恋人からたまにお小遣いをもらったりして、もうずっと悠々自適な無職生活を送っている。たまに会うと、生活保護制度がいかに素晴らしいかという話を聞かされる。

それなのに、村上さんの現実はどうか。なぜ生活保護を受けられないのか。村上さんだけではない。多くのシングルマザーに、彼のような陽気さはない。時間と自由を奪われた貧困生活に疲れ切っている。希望はまったくなく、どんよりとした雰囲気をまとっている。

44歳のシングルマザーに会うため、今度は千葉に向かった。街道沿いにチェーン系のロードサイド店が並び、同じような風景が続く。

苦しいです。本当に苦しい。ずっと、どこか飛び降りることができる建物がないかな、って上を向いて歩いていたし……。死のうと追いつめられたとき、やっぱり息子のことを思い出しました。死ぬのはやめようって、最近、やっとそう思えるようになりました。

三井恵子さん（仮名、44歳）は疲れ切った表情で、待ち合わせ場所である国道沿いのファミレスの駐車場にやって来た。陰鬱な表情で現れて、顔を合わせた瞬間から何度もため息をつき、一貫して笑顔はなかった。

彼女は、バツ2のシングルマザーだ。

自宅のアパートは最寄り駅から徒歩20分と便が悪く、築年数は古い。近くの県立高校に通う次男（18歳）と暮らしている。

現在、高校3年生の次男は、中堅私立大学に推薦が決まっている。学費はすべて日本学生支援機構の奨学金で賄う予定という。長男（23歳）は大学を卒業し、昨年から独立、都内でひとり暮らしをしている。社会人になってすぐに大学奨学金の返済がはじまり、長男は社会人になってもギリギリの生活を送っているという。


いま、テレビも行政も家族、家族っていうじゃないですか。ちゃんとした家族がいれば、絶対、私みたいにはならないと思う。親が助けてくれたり、兄弟が助けてくれたり、おばさん、おじさん、おじいちゃん、おばあちゃんが助けてくれたり。私はそれが一切ない。だから福祉事務所になんとか説明して生活保護を受けて、最近、やっと仕事が見つかって、頑張ってダブルワークをしています。誰かに迷惑をかけたくないので、生活保護から抜けることはひとつの目標でしたから。それは達成できました。

三井さんの言うとおり、近くに助けてくれる家族がいれば、貧困には陥らない。テレビや行政が家族をテーマにするのは、社会保障財政がひっ迫してもう国が支えることができない、という事情がある。

2年前、非正規職で執拗なパワハラにあって適応障害を発症、精神状態がどんどん悪くなって自殺願望が抑えられなくなったという。

次男は高校に入学したばかりでした。大黒柱として家族を守って、生活をしなくてはならない。自力で立ち直るのは無理だと判断して、精神科の診断書を片手に福祉事務所に飛び込み、生活保護を受けました。生活保護は受けたくなかったのですが、そこに頼るしか解決策がなかった。

生活保護は人に迷惑をかける、よくないこと——。どうも彼女には、そういう意識がある。

2カ月前、このままではいけないと仕事を探してコンビニと駅前の居酒屋、サービス業のダブルワークをすることにした。コンビニの時給は最低賃金に近い850円で、居酒屋も似たり寄ったりだ。朝晩働いて生活保護より若干多い月14万円程度の収入が確保できた、というのが現在だ。

土曜の夜、自宅近くのファミレスで話を聞く。すごく混んでいる。席に着くと、三井さんはせきを切ったように話しはじめた。精神が不安定な人によくあることだが、言葉が多く、なぜか時折我々に敵意があるような素振りをみせる。いまは精神疾患の陽性症状か。精神的に常に不安定だが、母親なのでしっかりしなくてはという意識が強く、なんとか立ち止まっていた。一緒に住む次男には精神疾患は隠して、無理して気丈に振る舞っている。孤独な生活と環境で、思いを吐き出す場所はない。

私、パニック障害もあるし、適応障害もある。お薬は8種類ぐらい飲んでいます。だから落ち込むと本当に危険な状態になって、何度も自殺未遂はしていますし。でも、もう死のうとは思わない。理由は当たり前ですが、子どもがいるから。ただ前の夫と一緒に住んでいるときは、薬飲んで救急車とか、首吊って床に叩き落とされたり、そんなことをいっぱいしました。

そのときの状態に戻るのが恐ろしいという。表情と口調で察するが、まだ病気からは立ち直っていない。

1年半前に生活保護をもらって、少し精神的には楽になりました。深刻に病まなくなった。精神的には少しは立ち直れたので、いまは死のうとは思わない。けど、やっぱり落ち込んだときは、ツラくて、ツラくてしょうがなくなります。

私はこの貧困女性の取材だけでなく、それまでにもAV女優や風俗嬢、医療介護関係者、友人知人に話を聞いてきた。取材をはじめたころ、リストカットや自殺願望といった言葉は物珍しかったが、いまでは、それが日常になってしまったかのように、精神疾患で苦しんでいる女性に出会う。最近は特に介護関係者に精神疾患の罹患が多く、このままないことして放置するのは危険という状態にみえる。

精神疾患は精神的、心理的な負担がかかることで起こる。要因は家庭環境などのケースもあるが、ほとんどは経済的な問題が原因だった。

デフレや雇用の不安定で、みんな疲弊し切っている。AV女優や風俗嬢は、仕事が完全出来高制のため、実は仕事が忙しく、収入があるときは安定している。逆に暇になると、精神的な負担から病んでいく。これはAV女優や風俗嬢に限った話ではなく、仕事内容はどうであれ、収入が低くなるほど精神疾患の人の割合は増えていく。

気分の浮き沈みが過剰になるため、陽性症状、陰性症状と波がある。比較的重い精神疾患である双極性障害、統合失調症などは陽性症状でないと、とても取材にはならない。疾患が重くなると、死にたくなる希死念慮がでてくることもあって、三井さんの自殺未遂もおそらくそれが原因だ。しかし、そんな簡単に命は絶てるものではなく、苦しみは続き、気分の浮き沈みによって何度も自殺未遂を繰り返すことになる。

私は精神疾患の女性と何十人、何百人と会ってきたが、陰性症状のときに話を聞くことができたのは十数人くらいか。

数年前、精神病院に措置入院する直前の元ＡＶ女優のゴミ屋敷に行ったことがある。もう一歩も外に出られないという陰性症状だった。

数時間前に同棲している男が出勤するとき、「私を捨てて会社に行くのか」と暴れて派手にリストカットとフットカットをしたようで、部屋の絨毯は血液とあらゆるゴミと食べこぼしから漏れる液体で湿っていた。

キリがないので彼女も男も、一貫して掃除はしない。ゴミも捨てない。食べ物のゴミと血まみれの部屋には異常な臭気が蔓延し、スリッパがなかったので靴下はグッチャリと濡れた。いまでも鮮明にその最悪だった感触を覚えている。

その元ＡＶ女優は、取材の数日後、本当に精神病院に措置入院となった。まだ、退院したという話は聞こえてこない。

数ある精神疾患の中で、特に多いのはうつ病だ。１９９９年の44万１０００人から急激に増加して、２０１４年には１１１万６０００人に達している（厚生労働省調べ）。その罹患者の増加は、見事に雇用が不安定になった労働者派遣法改正の時期と重なっている。

三井さんは「精神的には立ち直っている」と、自分では言う。しかし、立ち直っているようには見えなかった。向精神薬の副作用か目つきも若干おかしく、饒舌な口調も含め、正常ではなかった。陽性症状のときは、何気ない言葉や仕草で突然キレたりすることがある。

顔を合わせればすぐに違和感は伝わるので、私は最悪を想定しながら気を張った。最悪とは突然激怒したり、キレたりして取材が続行できなくなることで、気を使って言葉を選んで話しかけた。

いったいどうして、そこまで追いつめられることになったのか聞いていく。

2人目の夫から執拗なDVを受けた

20歳のとき、妊娠した。子どもができたことがキッカケで初めての結婚をする。28歳で離婚、32歳で再婚。そして昨年、二度目の離婚をした。昨年まで婚姻関係があった2人目の夫から、執拗なDVとモラルハラスメントを受けて精神的におかしくなったようだ。

2人目の夫の話がはじまると、目つきに憎悪に満ちた感情が滲んだ。まだ自分自身の中で解決していない問題のようだ。

2年前、もう夫に耐えられなくて家を飛び出して、知り合いに警察署に連れていってもらいました。それまでは軟禁状態もあったし、いわゆるモラハラ的なDVだった。暴力もあったけど、とにかく言葉が厳しくて執拗でした。毎日のように「おまえはクズだ。死んだほうがましだ」みたいなことを言われ続けて限界を超えて、5年くらい前に初めて自殺未遂しちゃったんです。「おまえなんか生きている価値がない」って説教がはじまって、そういう話を7時間とかぶっ続け。夫が体力的に疲れる朝4時とか5時まで。2度目の結婚生活は、ずっとそんな感じ。地獄でした。

モラルハラスメントとは、言葉や態度による精神的な暴力のことをいう。家庭内の暴力は、周囲にはまったく見えない。閉じられた空間での暴力なので被害者も、暴力を受けているると自覚するまでに時間がかかる。なので、なかなか表面化しない。

モラルハラスメントは日常的に被害を受けることから「精神的な殺人」と呼ばれ、暴力的な被害より深刻といわれる。前夫からは、子育てや性格などからはじまり、特に経済的なことを徹底的に攻撃されたという。

家族の生活費で、家賃や光熱費を除いて8万円ほどを毎月もらっていました。私がなにか無駄遣いをしているのではないかと突然怒りだして、家計簿をつけて、すべての消費を報告しろとなった。朝までしつこく詰問されて、性格とか人格を否定されるみたいな。見てわかるとおり、私はジーパンにTシャツが多い。ブランド物は好きじゃないし、金属アレルギーだし、無駄遣いはしていない。そもそも8万円なんてお金は、生活すれば使い切る。最終的にはジュース1本、隣駅への電車賃までお金はすべて元夫が管理することになって、なんの自由もなくなりました。

支配はお金だけではなく、生活全般の行動にまで及んだ。日々のなんでもない生活の報告を強制されて、夫と一緒にいない時間のすべてを毎日伝えなければならなかった。行き過ぎた束縛だ。友だちをつくることも許されなかった。

夫や恋人によるモラハラや過剰な束縛、DVは本当によく聞く。マザコン傾向にある男性が女性に暴力をふるいがちで、長男が過剰にかわいがられる文化が残る沖縄などは妻に対する暴力が凄まじい。離婚率と貧困率は圧倒的な全国1位となっている。

「司法統計」によると女性の離婚理由の第3位に「精神的に虐待する」、第4位に「暴力をふるう」が挙げられ、離婚の4割は女性に対する暴力が原因だ。内閣府の調査では配偶者からの被害があったと答えた女性は31・3％で、女性の約3人に1人は身体的、心理的、経済的、性的虐待のなんらかの被害を配偶者から受けていた。

女性配偶者への暴力は愛情からはじまって、独占欲や支配欲に歯止めが利かなくなって暴力になる。その暴力が離婚につながり、残された女性や子どもは貧困に転落する。誰もが不幸になる負の連鎖だ。

独占欲の強い夫から被害を受けた典型的なケースだった。

浮気するかもしれないと言われて、パートに出ても、家を出る時間と帰る時間をＬＩＮＥで夫に送る。ちょっとでも時間がズレると、携帯電話に何度も着信があって、最悪、職場にまで電話がくる。誰にも渡したくないみたいな感じ。いま考えると俺のものっていう所有物です。最初のうちは気づかなかったけど、だんだんと束縛が酷くなって、友だちと10分、20分話すと、「誰と話している、電話するな」とか、ランチ行くって言うと、「俺のカネで」とか怒鳴りだす。だんだんと誰とも会えなくなって、どこにも行けなくなりました。

再婚して3年目。過剰な支配がストレスとなって、精神的な不安定がはじまった。夜、眠れなくなって体調がおかしくなった。それから頻繁に動悸が止まらなくなって、無意識に涙が流れたりする。消えていなくなりたい、という自殺願望のような絶望的な気分の落ち込みも頻繁になり、10年間に及んだ結婚生活の後半は、実際に何度も自殺未遂をしている。

ずっとただただツライだけだったが、精神異常を自覚したのは結婚7年目。夫に気づかれないように受診して、初めてモラルハラスメントという言葉を知った。まさか自分が暴力被害を受けているとは思わなかった。

たぶん愛情がおかしな方向に向いたのかな。マインドコントロールです。「おまえはダメな人間だ。おまえは無能な驕った人間だ。おまえの考えはおかしい」みたいなことを365日、何年間も言われ続けていると、自分が悪いからって思い込む。強く責められると頭が真っ白になって、なにも考えられない。でも、我慢してもカラダがおかしくなる。過呼吸になって「ごめんなさい、ごめんなさい」ってなって、呼吸が苦しくなっても「演技だろ」でさらに罵られる。お医者さんからはパニック障害と診断されました。

最初は「夫を怒らせる自分が悪い」と、自分を責めた。虐待被害者のほとんどは、相手をいらだたせて怒らせる原因となっている自分を責める。逃げたくても逃げる場所はない。ずっと我慢を続けて、心療内科に駆け込んだのは結婚から7年が経ったときだった。

ずっと自分が悪いと思い込んでいたけど、いまはインターネットで調べれば、精神疾患もモラルハラスメントも知ることができる。7年も経って、やっと夫が異常者だということに気づきました。たぶん、そういう情報がない時代だったら一生気づかなかった。我慢を続けて、頭とカラダがおかしくなって死んじゃっていたと思う。実際に気づかないで自分を責めて生きている女性は、全国に何十万人もいると思う。そう考えると恐ろしい。

夫が異常だと気づいても、支配される生活は変わらない。職場で知り合った同僚に暴力まみれの悩みを相談した。同僚の強い後押しがあって警察に駆け込んだ。母子生活支援施設に保護されて、弁護士を介して離婚を申し出ることになった。妻がいなくなった夫は、血眼になって探したという。離婚は揉めに揉めて、夫は慰謝料なしの協議離婚を渋々受け入れた。

最後のほうは「殺す」って包丁を持って暴れるみたいな状態でした。たまにニュースで逮捕された犯人がみせる殺人者と同じ目、殺されるかもという恐怖が、逃げるという最終手段の後押しをしてくれた。だから、いまでも前の夫が家に来るんじゃないかって恐怖心がある。当時、暮らしていたのは県内の全然違う場所。何十キロかは離れている。でも、怖い。戸籍や住民票を閲覧できないように手続きはしてもらいました。

昨年、ようやく離婚が成立した。保護されていた母子生活支援施設を退所して、いままでの生活をすべて捨ててゼロからの出発をすることにした。元夫と二度と会わないための手は尽くした。しかし、まだそんなに時間は経っていない。いまでも元夫の顔や声を思い出して、突然動悸が止まらなくなることがある。

実の父親からのすさまじい虐待

シングルマザーになった。これからは自分が大黒柱である。しかし、どこで働いても年収200万円に届かない。貧しい生活はある程度は覚悟していたが、本当にギリギリ生きているだけという貧困生活は、本当に苦しく、夫から逃げても精神的な負担は続き、自殺願望は消えなかった。

死にたいという気持ちがどうしても消えない――。ネガティブな要因が複合的に絡み合わないと、そこまでの深刻な状況に陥らない。次男のために生きると心に誓ったのは最近のことであり、そこでようやく生活保護を受給して休息をとり、現在はこうやって他人に伝えられるまでに回復している。

犯罪現場の貧困の取材を続けるルポライターの鈴木大介氏は、本当の貧困に陥る原因として「3つの無縁」を挙げている。3つとは「家族の無縁」「地域の無縁」「制度の無縁」で、低収入の貧困生活の中で、家族からも友だちからも制度からも助けてもらえない状態だ。三井さんは苦しみ続けて、最後の最後に制度に頼ってなんとか回復傾向にあるが、やはりとことんまで落ちたのは「家族の無縁」が大きいという。

長年、実の両親は苦しんでいることを知っていた。夫から逃げても、なにも助けてくれなかったという。家族のことを尋ねると、さらに表情が歪み、涙目になる。

実は私、父にとんでもない虐待をされていました。どこから話せばいいかな。

三井さん自身が親から、かなり深刻な虐待をされて育っていた。

小学4年だか5年のとき、母が私を置いて、いまの義父と駆け落ちした。それから実の父からのすさまじい虐待がはじまった。あれから何十年も経っているけど、いまになっても現実を受け入れられない。なので、とても全部は話せません。まだ引きずっている状態で、私が精神的におかしいのは、夫のことだけではなくて積もり積もってなんです。

身に降りかかった父親からの虐待の一部を聞いた。核心のことは書いてほしくないようだ。最悪としか言いようがないとんでもない話だった。あらゆる暴力にさらされて小学校の高学年を過ごし、中学生になって家に帰らなくなった。学校や地域には、親に育児放棄された似たような友だちが何人かいた。毎日のように誰かの家に泊まった。家には帰らなかった。

一応、高校には進みました。小学校から中学校にかけては、本当に殺されるって環境で父の近くにはいられなかった。母が駆け落ちした場所は知っていて、そこに逃げました。母と一緒に暮らすようになってすぐ、母が妊娠した。けど、母は私の生活費がかかるから働かなきゃいけない、となって仕事は続けた。そうしたら、流産しちゃったんです。

義父は、「おまえのせいで流産した」と三井さんを叱責した。そのときの憎悪に満ちた血走ったような義父の目は、いまでも忘れられないという。

もう、ダメでした。家族になりようがない。それからずっとわだかまりがあって、母の家にもいられるような状態じゃない。高校生のころは「私、どうせ人殺しだよ」って怒鳴ったり、自棄になって暴れたり。自分は人殺しって、10代はずっと過ごしました。妹か弟を殺した人間だと思いながら、こんな家にいられない、行くところもない。そういうときって、やっぱり家族関係が複雑な子たちがまわりに集まる。友だちの家を転々として高校は中退しちゃいました。

20歳。2つ年上の男性と付き合った。妊娠がわかったとき、結婚した。家族はいない。結婚式は挙げることなく、婚姻届けを提出しただけだった。現在、都内で独立している長男が生まれた。

最初の夫は酒乱だった。普段、優しいが、酔うと暴れて暴力を振るう。結婚8年目、子どもの前でも暴力を振るわれるようになった。長男8歳、次男3歳のとき、離婚した。2人の子どもを抱えるシングルマザーになった。自分ひとりで働きながら子どもを育てることはできない。頼れるのは、「人殺し」と言われた母親と義父の家しかなかった。

シングルになってからは、ずっと掛け持ちでパートです。母が仕事休みの日は私が昼間働いて、母が仕事の日は母が帰ってきてから居酒屋とか夜の仕事に行く。どれだけ頑張っても収入はいまと同じ、月14万円くらい。年収170万円くらいにしかなりません。でも人殺しみたいなことを平気で言う義父なので、とても家族といえる環境ではなかった。子どもたちのためにも再婚しようって、婚活サイトに登録しました。そこで2人目の夫に出会ってしまった。

後に破綻する2番目の夫と出会った。何度も食事を繰り返した。最初はいい人だと思った。あるとき病気になったとき、2人目の夫は毎日、病院まで送り迎えして熱心に看病をしてくれた。この人ならば大丈夫と思って、プロポーズを受けた。

シングルで貧しいだけでなく、二度の離婚で精神まで壊してしまって、もう私は終わりです。実際にそうですし。どうして自分には普通の幸せがないのか、ツライことばかりなのか、そんな悲観ばかりです。最後の最後に頼った母は、やっぱり実の子どもより、女として男を選択した。自分の子どもを守れるのは、自分だけ。けど、母にはその親としての感覚はない。自分が親になってわかったことだけど、母は親になる資格がない人でした。

母親も義父もウソつき呼ばわり

3年前。夫から逃げて、母子生活支援施設に保護されたとき、かすかな希望を持って母親と義父に会いに行った。孫を助けてほしかった。そのとき、ずっと自分の胸にしまっていたこと、母親と義父が駆け落ちした30年前、実の父親から凄惨な虐待にさらされた事実を話した。

私は「小学生のとき、あれから何があったか知っている？」ってすさまじかった父親の虐待を話した。それから義父に「人殺し」と言われたことがつらかったことも伝えた。私も大人なので冷静に話した。義父は「そんなこと言ってない」って怒鳴って、母は「虐待されたなんて、どうしてウソつくの」って。実の父がそんなことするわけないって。だから、いまも義父には「ウソつきバカ女」って呼ばれています。だから私には、どんなに苦しくても助けてくれる家族はいないんです。

ファミレスの片隅の席にいる。夕食時に家族連れでにぎわう中、話しながら泣いてしまった。

母子家庭や非正規労働者には、本当に厳しい時代だ。母子生活支援施設を出て小さな店舗で非正規雇用ながら店長となったが、本部の正社員男性から執拗なパワハラに遭い、適応障害を患った。

もう、どうしても働けないと福祉事務所に相談に行った。ケースワーカーから何度も

「実の母親の家に戻れないのか」と迫られた。何度も何度も破綻した関係を説明して、1年半前にようやく生活保護を受給することができた。

受給中になんとか働かなくてはと仕事を探したが、最低賃金に張りついた仕事しか見つからなかった。同居する次男に謝りながら朝から晩までダブルワークして、やっと生活保護費から2万円程度アップした賃金を稼いでいる。生涯、こんなギリギリの暮らしをしなくてはならないのか、絶望感とため息しか出てこないという。

シングルマザーは、一家の大黒柱となっても正規職に就くのは困難で、賃金は極端に安い。母子家庭の非正規雇用率は43・8％であり、就業による平均年収は200万円しか稼げていない（厚生労働省調べ）。さらに三井さんは親や夫による暴力から逃げているので、子どものころから地域の縁もなく、本当になにもない。

——いま望んでいることは？

次男と暮らせて幸せではあるけど、孤独感はすごくある。だって私、息子たちがお嫁さんをもらったら、孤独死は確実ですよね。

家族、配偶者に恵まれなかった心の拠り所は、一緒に暮らしている次男だけ。その小さな拠り所も、あと数年で終わる。

私には、もうなにも希望はない。昔のように自殺願望みたいな症状がまた出てくるのが怖い。積極的に死にたくはないけど、別に生きたくもないから、いずれ本当に死んじゃうかもしれない。なにも希望もないけど、死んでもいいって覚悟もできないから苦しい。

厳しい表情で饒舌に2時間半はしゃべり続けたか。結局、最後まで一瞬たりとも笑顔を見せることはなかった。

不正請求や虐待、違法労働という負の連鎖

高校進学を拒絶する子どもの貧困や立ち直りようのない精神疾患、男からの暴力など、絶望的な負の連鎖が続くシングルマザーの明日が見えない現実にため息が漏れる。企業はシングルマザーに対して、フルで働かせても生活ができる賃金を払う気はない。

どれだけ探しても普通の生活ができる雇用がないのなら、もう受給の条件を整えて生活保護を受けるしかないように思える。

当事者の話を聞いていると、足りないのは月5万円ほど。その5万円は本来は彼女らに働いてもらって恩恵を受けている企業が払うべきお金だが、企業が払わないならば、税金で面倒をみるしかない。企業に有利な法改正が繰り返されて、さらに最低賃金が安い日本ではそういうことになる。

私は介護福祉の取材も続けている。最近の女性の貧困を牽引する代表的な存在は介護業界だろう。介護職は7~8割が女性である。

高齢者や障害者の介護は、ずっと行政と地方公務員が担ってきた。しかし、2000年4月に超高齢社会を迎えるにあたって民間に業務委託する介護保険制度がはじまってしまった。続々と民間企業が参入してすさまじい官製ワーキングプアが現在進行形で増え続け、賃金は64業種中64位をずっと維持。違法労働やセクハラ、パワハラは当たり前、高齢者への虐待は日常で、さらに日本人の賃金を上げる前に外国人労働者を大量に受け入れる施策が決定している。とにかく、メチャクチャなのだ。

介護業界を渡り歩いてきた東京多摩地区の団地で暮らすシングルマザーで介護職の篠崎千尋さん（仮名、46歳）からメッセージがきた。

私の話を聞いてほしい。もう人生耐えられません。

介護職は給料が低く、高齢者に感謝されるどころか非難も受ける。外国人労働者が続々と来るので、これからの賃金上昇は望めない。さらに激増している横暴な高齢者から暴力を受けることもある。9割以上を占める中小・零細企業の経営者は度重なる制度改定で報酬は下がり、経営はボロボロ。もうどこを眺めても絶望しかなく、そんな状況の中で働く職員は減り、高齢者ばかりが増えるのでもう希望の灯火はどこにもない。

篠崎さんの自宅で取材することにした。

駅からバスで坂道を上ると、大きな団地群が見えた。その一角にある団地の最上階で小学生の長男、保育園の長女と3人で暮らしている。笑顔で部屋に迎えてくれたが、表情は若干引きつり、またしても正常な状態ではないことはすぐにわかった。

DV体質の元夫が暴れて空けた壁と冷蔵庫の穴、勤める介護事業所からの給与不払いを宣言する内容証明、重度ストレス反応と書かれた診断書を見せてくれる。貧困に加えて、さまざまな事情が重なって追いつめられた状態だった。順番に話を聞くことにする。

「先月まで東京都世田谷区の訪問介護に勤めていました。NPO法人です。で、25日に給与が支払われなかった。催促したら、おまえの給与は払わないって。お金は本当にギリギリ、ずっと綱渡りみたいな生活なのでパニックです。それに重度ストレス反応って診断もされていて、働くことはしばらく止められています。仮にいまから仕事を探しても、どうしても今月と来月の生活は乗り切れない。

1週間前。わらにもすがる思いで、生活保護の申請のために福祉事務所に行っている。

たまたま4カ月分の児童育成手当が出たばかりでした。「育成手当、それに子どものお年玉も、全部使ってから出直すように」と追い返されました。

現在、収入は児童扶養手当月5万2330円と児童手当月2万円、児童育成手当月2万7000円。それに元夫からの養育費6万円。合わせて15万9330円。それに就労所得である手取り月12万円ほどの給与を予定していた。介護事業所の通告によって突然12万円が入ってこなくなり、混乱状態になった。当たり前だが、給与の不払いは完全に違法だ。

本当にどうしていいか、わかりません。いろいろなことが、あまりに酷すぎます。

働いた労働の対価を支払わないというのは非常識なことだが、介護業界では日常茶飯事である。現在、預金残高は10万円ほど。お金がなくなったからといって、生活保護制度が使えるかわからない。育ち盛りの子ども2人を抱え、混乱する表情は青ざめていた。

その訪問介護は2カ月で辞めました。何もかもが異常でした。雇用契約書を5回も6回も書かされたり、契約書の金額と給与が違ったり、メチャクチャ。あと事業所のパソコンは個人情報があるので、絶対にエロサイトとか見ちゃダメじゃないですか。女性の管理者とその内縁の夫で運営していて、男のほうが一日中エロサイトを見ている。私が「やめたほうがいい」って何度言ってもダメ。書類も請求もヘルパーも私ひとりでやらされて、とても続けられないと思った。

2000年4月に介護保険制度がはじまり、公的機関が担っていた介護が民間に委譲された。特に訪問介護、通所介護の在宅分野の認可基準は極めて低く、介護とはまったく関係ない、ラーメン屋や居酒屋などの零細事業者の参入が激増。この数年は大規模な助成金を出した保育園でも同じような現象が起こっている。まったくのズブの素人が高齢者の命を預かる介護事業所、また保育所を順調に運営できるケースは少ない。

昨年10月から勤めた訪問介護事業所は、新規参入で立ち上げから数カ月、婚姻関係のない中年カップルが運営していた。介護経験者である篠崎さんに実務を全部押しつける、というマネジメントだった。

素人が介護事業所に手を出すと、まず介護保険請求や行政から求められる複雑な書類整備に混乱する。高齢者や障害者に対するサービスより、書類整備に追われて介護はおろそかになる。そして不正請求や虐待、違法労働という負の連鎖がはじまる。

介護だけではなくて、ケアプランの作成から請求まで全部。実際はサービスしていないのに、生活保護受給者にサービスを提供したという書類をつくらされました。あと実態のない勤務表とか。勤務表は常勤7人にしてくれって、知らない人の名前を教えられた。実際に事業所で働いているのはその2人と私の3人だけ、おかしいなって。おそらく訪問介護事業所としての申請から国保連への請求まで、全部不正ってことです。公金詐欺に加担したくないのも、すぐ辞めた理由でした。

書類整備と請求を担当した篠崎さんの話によると、その訪問介護事業所は人員基準違反に加えて、家族がいない生活保護受給者で不正請求を繰り返したようだ。生活保護の単身世帯は、まず息子や娘などのキーパーソンが近くにいない。多くの利用者は、介護事業所が求めればハンコを押す。本人が理解していないので、架空のサービスでも保険請求ができてしまう。

介護報酬の50％は国、都道府県、市区町村がそれぞれ分担して負担している税金だ。このように不正をする介護事業所に、税金が無限に垂れ流される実態がある。

辞表を出しても、断固として「辞めさせない」って。脅しみたいに言ってきたのも、常勤の私がいなくなったら誰もいない事業所になるから。それに介護保険だけじゃなくて、雇用系の助成金も不正受給しようとしていたみたいで、私に辞められたらダブルで困る。だから給与払わないって嫌がらせするし、いくら要求しても離職票をもらえない。籍が残ったままなので転職もできない。そんな詐欺のために、自分が利用されて生活がメチャクチャになるとか、本当に耐えられないです。

悪質な介護事業所に勤めたことでさらに精神状態が悪化し、離職票がないので職探しはできず、給与支払いを拒否された。もう、どうにもならない状態が現在だった。何度も結ばされた雇用契約書の控えが数枚あった。給与額がすべて異なっている。一度だけ支払われた給与は、額面13万3０００円。手当はない。残業代が支払われないだけでなく、東京都の最低賃金割れで、年収換算で１５９万６０００円にしかならない。

高齢者と介護の仕事は、好き。けど、介護の仕事をしてから、人生がおかしくなりました。

離婚をキッカケにヘルパー2級を取得

篠崎さんは、二度結婚に失敗している。10代でできちゃった結婚、33歳で離婚。離婚理由は、夫の浮気とギャンブル。幸い子どもが高校を卒業するまで、毎月養育費はもらえた。離婚をキッカケにヘルパー2級を取得して、13年前に大手有料老人ホームに非常勤介護職として入職した。

「介護をはじめたキッカケは、子どもにちゃんとした姿を見せたかったから。安定する介護の現場で働いて、子どもをちゃんと育てようと思った。でも、介護がこんな危険な世界とは夢にも思わなかった。今回も含めていろいろな失敗をしています。本当に酷い業界です。

有料老人ホームで頑張って介護した。38歳のとき、年下の同僚と職場恋愛、妊娠した。そして再婚、出産となった。そのとき産まれたのが、現在、小学3年生の子である。

「出産でホームは退職した。育児しながら、近くのスーパーで短時間のパートです。

出産してから、旦那の浮気がすごくなった。介護の世界は不倫がすごくて、男も女も旦那がいようが奥さんがいようが、すぐ肉体関係になる。夜勤中にやっちゃったりとか。旦那が休憩中、職場の同僚とラブホテルに行っていることを人づてに聞いた。ホームの向かい側にラブホテルがあって、そこにホームの女の子と。不倫カップルは私が在職中も何十組も見たし、もうムチャクチャですよ。

介護現場の不倫は、どこでも耳にする。正直、酷い状態である。特に24時間営業の居宅型施設は時間が不規則、職員たちの生活は閉塞、多くは家庭もうまくいかなくなる。常に一緒にいるのは同じ施設の同僚で、お互いほかに出会いはない。閉じられた中で、恋愛関係になりやすいのだ。さらに不倫は違法で、相手の配偶者から慰謝料を請求される可能性があることを知らない職員がほとんどで、とにかく乱れた関係に走りやすい。

酷かったのは離婚調停中、旦那とホームの男性職員たちとのハメ撮り写真交換が問題になった。休憩中に女性職員とラブホテルに行くのがホームの男性の中で流行して、ハメ撮り写真を撮ってメールで交換みたいなことをしていたみたい。ゲーム感覚で過熱して、最終的にひとり女の子が自殺未遂して騒ぎになった。人手不足だからそんな問題を起こしても、誰もクビにならない。

介護職の夫の浮気、不貞行為が発覚したのが結婚3年目。子どもが2歳のとき。そこから家庭での壮絶なDVがはじまった。

最初はメールを見ちゃった。夜な夜ななんかやっているので、見たら、女の子とお風呂に入っている裸の写真で。彼に聞いたら、浮気ってわかった。「その子を連れてきて」と話をしたら逆ギレ。「はあ？　てめえ、俺が謝っているのに何様？　てめえ、なんだよ、その態度」ってなった。子どもが小さかったから危険と思って、その場でやめたけど。そこから日々の暴力がはじまった。

浮気が発覚してから夫はキレやすくなり、すぐに暴力を振るうようになった。成人した前夫との子どもが家に遊びにきたとき、夫が突然暴れたことがあった。

なぜか私に暴力を振るいだした。子どもが「暴力はダメだよ」って夫に言った瞬間、沸騰して、子どもの髪の毛を引っ張って引きずりまわした。このタンスにガタガタ、ガタガタ頭をぶつけて、私がかぶさってかばっても暴力をやめない。子どもが警察に電話したら「てめえ、俺を警察に売りやがったな」って発狂して連続キック。でも最終的に、ベランダで泣いているんですよ。俺のことをわかってもらえないって。

元夫のDVは、やがて保育園に行くようになった長男へ向かった。長男への暴力が止まらなくなり、彼女の精神状態もだんだんおかしくなる。恐怖に支配されて、不眠がはじまった。言葉使いやささいな仕草、家族の何かが気に食わないと、すぐに怒鳴って暴れた。

子どもは保育園から小学1年まで、本当にずっと暴力をふるわれた。夫はカラダが大きくて、子どもを平気でフルスイングで殴る。殺される寸前みたいなことも何度もあった。理由は本当にささいなこと。薬を飲まなかったからとか。子どもってかわいがってくれると、親に寄っていくじゃないですか。けど、かわいがっていたかと思うと、突然怒鳴りだして殴る。

2DKの壁は所々に穴が開いている。すべて元夫が暴れたときにできたものだ。不貞行為が妻にバレた後も、夫は職場でハメ撮り写真を収集、不倫三昧で家に帰ると妻と子への暴力で気を晴らした。数年間、手に負えない状態が続いた。

離婚を申し出て、2年前にやっと成立。元夫はこの団地の部屋を出ていき、現在は隣の市のアパートでひとり暮らしをしている。離婚後、2人の子どもは元夫には会っていない。

毎月6万円の養育費は、いまのところ月末に振り込まれている。

DVがなくなると逆に不安になる子ども

離婚してから、さらなる不幸がはじまった。

横暴な父親がいなくなってから長男の様子はおかしくなり、常に不安定な状態になった。小学校でクラスメイトとのケンカやトラブルが絶えず、現在進行形で親からの苦情が殺到、何度も小学校に呼び出されている。

ＤＶをされている間は、恐怖で支配されている。それがなくなると、逆に不安になる。悲惨な生活から平穏になって、なにかポッカリ穴が開いたような。私も似たような感覚がある。だから、子どものことがわかる。怒鳴られようがひっぱたかれようが、子どもにとっては、それが普通の生活だった。「殴られることはないんだよ」って環境になった途端、本当に不安になる。先生から頻繁に電話がかかってくるようになったのは、離婚してからすぐ。子どもはＤＶの影響で、人の気持ちがわからない。やり過ぎちゃう。

クラスでひたすらトラブルが続き、副校長から「DVを受けた子どもは、将来的に性犯罪者になる確率が高い」とまで言われた。児童相談所に行け、特別学級がある学校に転校してほしいなど、学校はもうお手上げといった状態のようだ。

テスト用紙にバカとか死ねとか書くとか。先生にひたすら暴言を吐くとか、そんな状態です。私も精神科に行ったら、重度ストレス反応って診断。DVの影響で眠れなくなったことが原因で、子どもだけでなく、私もいろんな人とトラブルが絶えない。人間関係がうまくいかなくて。

離婚後、再び経験のある介護現場に戻った。非常勤で入職した特養老人ホームは1年半働いた。半年前、入浴介助で転倒しそうになった高齢者を支えたとき、左足を骨折して働けなくなった。労災をもらいながら実務者研修に通い、そのとき、同じ生徒だった前職の訪問介護の管理者に入職を誘われた。そして、不正請求を手伝わされた。

今日いちばん言いたかったのは、介護事業所はもっとちゃんとしてほしいってこと。特別な能力のないシングルマザーが、唯一、社員として働ける可能性がある業種が介護だから。

介護職は圧倒的に女性の職場だ。施設系介護職員の平均賃金は正規職で21万4851円、非正規で17万6535円（介護労働安定センター調べ）と圧倒的に安く、シングルマザーたちのセーフティネットとなる反面、低賃金、違法労働を強いるなど、女性の貧困を牽引する業種となっている。

私が被害に遭った事業所みたいなところを野放しにしていたら、また同じような境遇の女性が被害に遭う。シングルマザーは本当に大変なの。ほんの少しつまずいただけで生活できなくなる。だから介護現場が普通に働ける場所になってほしいんです。

最後に強い言葉で、そう訴える。

制度がうまく機能しない介護業界の闇は深い。不正する訪問介護事業所を罰するためには、役所の介護保険担当が監査し、不正の証拠をつかまなければならない。数人がかりで準備、調査、結果を精査するので人員と時間がかかる。さらに不正請求や労働基準法を意図的に違反する事業者はもはや膨大で、キリがない。

3時間くらいしゃべり続けただろうか。窓の外は暗くなり、子どもたちが学童から帰る時間だ。

言いたいことを吐き出し、すっきりしたのか何度かお礼をいわれた。バス停まで送ってくれて、「私には介護の仕事しかない、今度こそちゃんとした事業所を見つけて頑張る」と、笑顔で言っていた。

第6章
子どもの未来が消えていく

世帯収入が低い子どもの貧困の連鎖は、団塊ジュニア世代である私が子どものころから存在していた。

親の収入が低い子どもの学力は低い傾向があり、中卒で職人の世界に飛び込んだり、高卒で中小零細企業に就職したりしていた。

時代が流れて職人の仕事は海外に奪われて、中小零細企業は高卒求人から大卒に切り替えられた。

現在、学歴が低い子どもたちの行き先は、限界まで賃金を下げて将来が見えない非正規職ばかりになってしまった。

日本の格差は深刻になった。

貧困の子どもが十分な教育を受けることができれば、収入の高い職業に就ける可能性が高まるのは確かだろう。

しかし、女性の現実はどうだろうか。

高学歴の女性なら、シングルマザーになっても就業機会が与えられて、普通の暮らしができるのだろうか。

日本には圧倒的な男女格差、男尊女卑はこれでもかというほど浸透している。答えは否となる。

住所は教えてもらった。おしゃれな若者に人気の街で、昼のテレビ番組では毎日のように特集されている。貧困女性らしからぬ住所だなと思って、グーグルマップに入力したが迷路のような道が続いて迷ってしまった。

急行が停車する最寄り駅を降り、昔ながらの商店と、おしゃれな飲食店が並ぶ長い商店街から住宅街に入った。路地に入ると急に道幅が狭くなる。軽自動車がやっと通行できる4メートル道路を何度も曲がると、「この先、車両行き止まり」という看板が立っていた。そして、車道のない私道になる。薄暗く、おしゃれな雰囲気はまったく消える。老朽化した木造住宅がひしめき、人影はまったくなくなり、しんと静まり返る。

さらに舗装されていない横幅1メートルない道を抜け、空き地に掘っ立て小屋のようなアパートがあった。川上さんが住んでいるアパートだった。

家賃5万2000円、生活保護者をターゲットにした福祉物件だ。5万円台前半はこの地域では破格の賃料だが、どう眺めても劣悪だ。接道がないので再建築不可で、置き去りになった建物である。

アパートの四方にはベタ付きで似たような木造住宅が建ち、24時間ほとんど日は当たらない。舗装されていない歩道は土であり、冷たい日陰で雨水が乾かないので泥が湿る。携帯電話で到着を伝えると、いちばん手前の部屋から川上典子さん（仮名、53歳）が出てきた。木造のドアを開けたとき、なにかが軋む嫌な音がした。

築50年くらいの物件です。住人は、私以外はみなさん生活保護の方々だと思います。すき間風がすごいので寒いです。冬になると毛布をかぶって凍えながら生活しています。

川上さんは雰囲気、佇まいに育ちのよさを感じさせる。バツイチで、22歳になる娘がいる。隣区の大規模病院に事務職として時給1090円で非常勤雇用され、月給は手取りで12万円ほどだ。実家は東京の中流家庭。川上さんは中高一貫私立に進学、有名女子大を卒業している。上場企業に就職して、結婚。離婚して母子世帯になっても、ずっと経済的には困ることのない暮らしを送っていた。

貧困に転落したのは、8年前に姉の介護のために介護離職をしたことが原因だ。貯金は底を尽き、娘は大学を断念、現在も終わりのない貧困に苦しんでいる。

自分が貧困みたいな立場になるとは、実際にそうなるまで夢にも思いませんでした。いま思えば、正規の仕事を辞めたことがいちばんの理由です。それとずっと普通の暮らしをしていたので、社会のこと、世間のことをなにも知らなかった。もうなにもかも遅いし、普通に戻れることはないと悟りましたが、振り返れば、貧困を回避する選択肢はあったと思う。本当に世間知らずでした。

かび臭く、薄暗い部屋の中でそうつぶやく。部屋は壁が薄く、話は隣に筒抜けのようだ。しかも、すき間風ですごく寒い。駅前に戻り、カラオケボックスでなぜ厳しい現状になったのか聞くことにした。

娘が4歳のとき、母子家庭に

東京出身、バブル世代だ。父親はマスコミ関係者で、中学からお嬢様系の有名中高一貫校に通う。中学時代から真面目な性格で成績もよく、指定校推薦で有名私大に進学する。就職のときは空前の売り手市場で、企業からは簡単に内定がとれた。一部上場企業から何社も内定をもらった。

元夫との結婚は27歳のとき、同じ会社でした。社内結婚と転勤がキッカケで会社は辞めました。夫は当時年収500万円くらい。私は会社を辞めても、空いている時間にパートをする程度で普通の暮らしができました。29歳で妊娠出産して、33歳で離婚です。元夫はバツイチで、私は前の家庭の事情はよくわからない。元奥さんとの間に子どもがいて、子どものことを相談されたとかで頻繁に会っていた。それで夫に対する気持ちが冷めてしまって、言い争いみたいなことが増えて修復不可能になった。養育費もなにももらわずに、勢いで離婚してしまいました。シングルマザーになってもひとりで娘を育てることはできると思っていたし、離婚に不安は全然なかった。

33歳、娘は4歳。母子家庭になる。

実家に戻って、仕事を見つけて生活を立て直すことにした。家賃3万円の公団住宅に当たって、国公立大学の教授秘書の仕事も見つかった。正規雇用で年収４００万円ほどだった。給与、児童手当と児童扶養手当をもらえば、困るどころかすごく余裕ある生活だった。

そのころは貯金もできました。団地は働いているお母さんが多かった。休みの日、子どもの面倒をみる助け合いがあって助かりました。余裕はあったし、娘はすごく勉強好きで成績はよかったので私立中学に行かせたんです。自分もそうだったし、地元の公立が荒れていたので。

県内最難関の東大進学者も多い名門校で、検索すると偏差値70超だ。本当に優秀なようだ。異変がはじまったのは中学進学してからすぐ、まず実家の父親が亡くなった。

娘が中学1年のときに父は亡くなった。私には2歳年上の姉がいて、姉は昔から精神的な問題を抱えていた。大学卒業から仕事しないで、ずっと実家にいて両親が面倒をみていたんです。姉は数年前に亡くなった母の代わりに実家で家事をするようになって、父がいなくなってひとりになった。もともと不安定で危うい状態でしたが、ひとりになって本格的に病んでしまった。

働いたことのない姉のことはずっと心配で、実家の不動産など、財産の相続はすべて姉に譲った。

財産を譲ったので安心していたのですが、父の死から2年後、関西の精神病院から突然私に電話がかかってきたんです。姉が入院して家族の方に来てほしいって。全然知らなかったけど、姉は実家を売って関西にマンションを買い、引っ越していたんです。本当に知らなかった。もう、私はなにがなんだかわからなくて、それから遠距離なのに姉の介護がはじまった。とりあえず1年ぐらいは関西と行き来しながら仕事を続けました。

姉は措置入院させられ、担当医師から統合失調症と診断されていた。

統合失調症は思考や行動、感情をひとつの目的に沿ってまとめていく能力が低下し、幻覚やせん妄、まとまりのない行動を起こす病気で、社会生活を送ることができなくなる。第2章で登場した万引きや自殺未遂を繰り返した元女子大生の石川さんのような状態になり、自立して生活するのは厳しく、どうにもならないことが想像つく。

姉は誰かに見張られている、盗聴されていると主治医に主張し、東京から関西に引っ越していた。見張られてもいないし、盗聴もない、幻覚とせん妄だ。「長期間の入院はできない。月に何度かは自宅に帰ってほしい」と、病院から言われた。姉のために月に何度も関西に行く生活になった。いちいち仕事を休まなければならない。時間だけでなく、それに交通費、姉の生活費と負担は膨大だった。

財産は譲ったが、姉にはすでに貯金はまったくなかった。不動産業者に実家は安く買い叩かれ、マンションを高額で購入させられていた。父親が残してくれたお金はきれいになくなっていた。

川上さんは中学生の娘を抱えながら、常勤で働き、さらに遠い関西で姉の介護をすることになった。

「新幹線を使えば、往復の交通費だけで3万円です。入院費を筆頭に医療費は、全額私が負担しなきゃいけなくなりました。月に少なくても10万円、多いときは30万円くらいかかりました。どうしても関西に行けないとき、自費でヘルパーさんを頼みました。1日1万円くらいかかります。

姉の病状は悪化の一途。介護者の重要な役割は薬の管理で、第三者が見ていないと服薬しているかどうかわからない。統合失調症は服薬を怠ると、大変なことになる。実際に自殺未遂する、川に飛び込む、マンション共有部で絶叫して暴れるなど、頻繁に深刻なトラブルを起こした。

トラブルのたびに連絡がきて、病院に呼び出された。いつなにが起こるかわからないので、勤務先の大学研究室にも迷惑がかかった。遠距離介護がはじまって1年、さまざまなことが起こって、働きながらの遠距離介護は限界になった。もう勤務先に迷惑はかけられないと、退職届を出してしまった。

なんの予定も立たない遠距離介護に混乱して、突発的に研究室を辞めた。最悪の選択だ。介護離職がまだ社会問題になっていなかった時期であり、なんの知識もなく、貧困に落ちるリスクなど微塵もよぎることはなかった。

介護離職で学費が払えなくなり、娘は名門校を退学

介護離職の絵に描いたような最悪なケースである。

頻繁に大阪に呼びだされて介護離職をした時期は、介護がはじまった初期の〝介護パニック期〟と呼ばれるものだ。冷静な判断ができなくなる。その忙しさ、負担がずっと続くと思って仕事を辞めてしまう。

川上さんは「そのときは介護離職してもなんとかなると思っていました」と言うが、再就職して同じ程度の収入を得ることができる保証はない。収入が半減というケースが一般的だ。それに、日本の社会福祉は身寄りのない人から優先される。心配する家族がいれば、負担は家族にまわる。

川上さんは介護離職するのではなく、家族である娘と姉を天秤にかけて娘との生活の維持を優先し、遠い大阪で起こる姉の介護は放棄するのが正解だった。身寄りがなければ措置入院なり、生活保護なり、福祉が支えるプランを組んでくれる。

長男の嫁が介護を担う時代ではなくなり、会社などに勤めながら介護をしている人は300万人いるといわれる。団塊世代が後期高齢者になる2025年がひとつのピークの指標となるが、これからこの人数はどんどんと増えていく。

介護離職が増えれば、企業は人材流出し、当事者は収入源を失う。なにもいいことはない。問題を重大視した安倍政権は2015年に新三本の矢のひとつとして「介護離職ゼロ」を掲げた。「育児・介護休業法」が2017年に改正されて、現在は要介護状態にある家族(配偶者、父母、子、配偶者の父母、祖父母、兄弟姉妹、孫)を介護する労働者が雇用主に対して申請を行えば、家族ひとりにつき最大通算93日の介護休業が取得できる制度がある。

しかし、川上さんが介護離職したのは2011年。このときは、同居かつ扶養という条件があり、離れて暮らす姉は介護休業の対象にはならなかった。川上さんはひとり親家庭になっても、ずっと堅実な生活を送ってきた。新卒のころから仕事や生活に困ったことはなく、「介護離職してもなんとかなる」と思ってしまったのが過ちだった。

いま思えば、あまりにも無知だったし、思考回路が正常ではなかった。とにかくいま、目の前の姉をなんとかしなきゃいけないという意識が強かった。そのときは500万円くらい貯金があって、いまの厳しい状況を乗り切って、すぐにまた働けばいいと思っていました。でも姉は全然よくならなくて、貯金はどんどん、どんどん減っていきました。1年間でお金はほとんどなくなって、どうにもならなくなりました。

家族の介護は、家族以外にはなかなか相談ができない。後先を考えずに目の前の姉の介護をこなして、お金ばかりがかかりながら、時間は過ぎていった。

姉の居住地の役所に行くだけでも、大変なこと。なにか相談したくてもたらい回しにされるし、精神病院も家族の相談とかは聞いてくれません。当時は介護保険とかも充実していない時期でなにを頼っていいのか全然わからなかった。混乱している間にお金がなくなって、姉も目を離したすきに電話線を切ったり、盗聴されているって騒いで、家の窓という窓を新聞紙とガムテープで塞いだり。いろいろ、メチャクチャでした。

現在は介護離職を問題としながら、一方で医療、介護など、社会保障費の削減が課題となっている。充実ではなく、縮小だ。病院は長期入院を減らし、介護保険の利用者は重度のみにするという流れがある。

縮小の代替として、各自治体は地域住民で支え合う地域包括ケアシステムの構築に動いている。地域包括ケアシステムは簡単にいえば、高齢者や障害者を病院や介護施設から自宅に戻し、地域と家族が面倒をみるという家族やボランティアなどに依存した施策だ。公助から共助、自助という「介護離職ゼロ」とは正反対の、介護離職まみれになるだろう地域づくりが着々と進行している。

川上さんは恵まれた家庭で育ち、責任感が強い。それが災いした。負担を最大限家族に負わせたい国の意向に沿って、限界を超えて別世帯だった姉の介護を背負ってしまったのだ。

姉の介護がはじまって3年、川上さんの介護離職によって家計は破綻。1年間以上、収入がない状態で貯金を切り崩し、貯金も完全に尽きた。

ひとりで留守番をしながら勉強を続けて、高校1年生になった超名門校に通う娘は、伯母の介護で混乱する母親を理解して、その間違った選択による最初の犠牲者となった。

「結局、貯金も全部、蓄えはなくなりました。無一文に近い状態です。どうしても学費が払えなくなって、娘は高校1年から2年になる春休みに退学しました。現実を伝えたとき、泣いていたけど、文句ひとつ言わずに通信制の学校に転校してくれた。本当に娘には苦労をかけています。」

高校退学する直前、何度も学校に延納を頼んでいる。この1年間の家庭の事情を全部話して、破綻した理由を説明したが、学校側の対応は渋かった。

学費はどう考えても払える状態じゃありませんでした。学費は年間70万円くらい。でも、学校から「辞めてください」とは絶対に言わない。「どうしますか、どうしますか」と、根拠ある支払い計画を求めてくる。「なんとかして払います」ではダメで、納得してくれません。「時間をください」というのもダメで、「辞めます」という返答を待っていました。結局、「退学します」と言いました。先生たちはホッとした表情になっていました。

娘は名門高校を退学して通信制に転校になっても、腐ることはなく、挫折しなかった。アルバイトをしながら学費と自分の生活費を稼いで、中学生のときからの志望大学だった国立大学を目指した。合格にはならなかった。滑り止めで受けた難関私立大学に合格した。信用金庫の学資ローンで入学納入金、貸与型の奨学金を借りて大学進学した。しかし、1年で大学生活の継続を断念している。

いまは非正規ですけど、働いています。娘が大学中退したのは、これ以上、借金を増やせないって理由でした。成績はよかったのですが、傷は浅いほうがいいって辞めてしまいました。私はお金を出せる状態じゃないし、もったいないとは思いますが、娘の選択です。

貧困の数だけ、子どもの未来は潰れていくのだ。

正社員どころかパートすら決まらない

川上さんは45歳で介護離職、47歳で破綻。介護離職で生活苦に陥った者に対するセーフティネットはなにもないので、生きるために仕事を見つけなければならない。

ハローワーク、インターネットの求人サイト、フリーペーパーとあらゆる求人を見て応募しました。全部、断られました。本当に何十件も断られて、いままでそんな経験はなかったのでおかしくなりそうでした。原因はおそらく年齢です。最終的には最低賃金のスーパーのレジも採用されませんでした。

正社員どころかパートすら決まらない。危機的な状況の中で、姉の病院からは容赦なく高額な請求書が届く。払えない。何度も電話で謝って、支払いを延ばしてもらった。限界だった。

やっと、いま働いている病院の仕事が決まりました。でも、時給で月の給与払いなので働いてからお給料になるまでに2カ月くらいかかる。請求がたくさんきてどうにもならなくなって、でも支払いをしなくてはって焦ってしまって、個人融資っていう闇金に手を出してしまったんです。私、闇金って存在すら全然知らなくて、大変なことになりました。

個人融資とは、この数年に出てきた新しい違法金融のこと。主にそこらへんにいる違法を厭わない個人がやっている。債務者を掲示板などで見つけて、即日お金を貸す。闇金なので法外な暴利だ。最初に借りたのは、5万円。元金5万円に対して10日で2万円の利子というシステムで、免許証の写真を業者にメールで送るとすぐに5万円から利子が差し引かれた3万円が口座に振り込まれた。返済は10日後までに5万円を支払う、または利子2万円を支払って元金は翌10日後までジャンプする、どちらかが求められる。

結局、一度に5万円を返すことができなくて、10日ごとに2万円を真面目に返していました。結局、何度も払ってから5万円を返しました。そうしたら相手は、また勝手に3万円を振り込んできて、利子の返済を終わらせてくれなかった。もうパニックになって、警察に行きました。警察から相手に警告してもらっても、終わらなかった。

職場に何度も電話がかかってきたり、ピザを大量に頼んだりといった嫌がらせもされた。せっかく見つけた病院の仕事も、闇金から何度も電話がかかってきたことが原因でクビになりました。

個人でやっているので、悪質さは相手による。真面目で世間知らずで責任感が強い川上さんは、病院や行政だけでなく、闇金にとっても扱いやすい。儲けやすいカモだ。強引にでも貸し出せば、返済してくると思われて、そのような対応をされたのだろう。闇金は徹底的にお金を引っ張り、たった3万円の振り込みから最終的に総額100万円近くを支払ったという。

闇金から逃げるためにいまの部屋に引っ越したんです。それで昔の職場の先生に泣きついて、いまの勤務先の病院を紹介してもらった。だから、普通の生活が送れるようになったのは一昨年です。大学を退学した娘はシェアハウスを借りて、なんとか自立しています。非正規雇用ですが、マスコミ関係で働いています。今後どうなるかわかりませんが、姉の症状も落ち着いたので、いまはなにも背負っていません。

娘の高校退学あたりで涙目になっていたが、〝真面目な人がとことん損をする〟典型的な話だった。
家族の介護には誰も同情しない。自分の利益しか考えていない闇金だけでなく、助けてくれるはずと思い込んでいる国や行政も、家族に限界まで押しつける。
経済的な損失も桁違いである。最初に関西の病院から電話がかかってきたとき、姉の介護をきっぱりと断っていたとする。そうすれば500万円の貯金と年収400万円の仕事はそのままで、娘は順調に国立大学を卒業していたのではなかろうか。そのまま母娘で暮らしていれば、世帯収入は700万〜900万円くらいにはなったはずである。さらに100万円を支払った闇金にもかかわることがなかっただろう。

介護離職したことは本当に後悔して、仕事がまったく見つからなかったとき、生活保護も受けるべきだったと思いました。行政とちゃんと話をする知識があればよかった。それに苦しい人をさらに苦しめる闇金みたいな人たちがいることも、本当に知りませんでした。

善意ある人がとことんむしられ、その子どもたちまでが容赦なく被害をこうむる。長引くデフレでどんどん貧しくなるいまの日本は、国や公共機関に対しても性善説は一切通用しない。現在、老朽化した違法建築の劣悪な部屋で、すき間風に凍える川上さんの姿は、現在のなにか歯車が狂った社会の犠牲者だとしか思えなかった。

トップ私大卒でキャリア官僚の元夫人

とにかく苦しい、人生なにもかもうまくいきません。

ＳＯＳのようなメールを送ってきた植草紀子さん（仮名、55歳）に会いに行った。植草さんは、東京のトップ私大卒でキャリア官僚の元夫人である。

待ち合わせ場所で顔を合わせるなり、深いため息をつく。表情は疲れ切り、「美容院に行くお金がありません」という彼女の髪はボサボサだった。白髪が多く、年齢よりも老けて見える。15年前に官僚の夫と離婚、それから転落の一途をたどっているという。

近くに生活する部屋があるというので、見せてもらうことにした。駅前から下町っぽい商店街を数分歩き、商店街の外れにある小さな学習塾で立ち止まる。建物は木造で築年数は古い。小中学生向けの小さな学習塾で、教室内を通り抜け、はしごを昇る。なんと学習塾の屋根裏に6畳ほどのスペースがあり、現在、そこに居住しているという。彼女は物置に住んでいた。

きれいに整頓されているが、狭すぎて満足に生活できる空間ではなかった。高さは女性がギリギリ立てる程度の160センチほど。さらに屋根の形に沿って傾斜している。小さな窓がひとつあって、部屋の片隅にわずかだけの陽射しが入っていた。男性だったら、おそらく路上のホームレスだったろう。

学習塾の経営者とたまたま知り合いで、塾の手伝いをすることを条件に住まわせてもらっています。2年前からですね。妹の家を追い出されて路頭に迷っているとき、この塾のオーナーに助けてもらいました。屋根裏の部屋は違法建築で、出入口ははしごだけ。天井の斜めに沿って足を向ければ、眠ることはできます。

住民票は同じ区内に住んでいる妹の自宅に置いたまま、違法建築の屋根裏で暮らしている。

元夫は外務省のキャリア官僚で、もともとは一般家庭どころか富裕層だったという。離婚前までは世帯年収2000万円を超えて、長年海外に赴任していた。部屋には一家が幸せだった20年前の写真があった。色あせた紙焼き写真には、きれいに化粧して、着物やドレス姿で華やかに着飾る30代のときの植草さんの姿があった。当時はなにかしらのパーティーが毎週のように開催されていた。

屋根裏とのギャップに驚く。本人が言うように、本当に「転落」していた。

いまがどん底の状態です。今月も電気代とガス代を払えませんでした。ガスはカセットボンベがあるので、なんとかなりますが、本当に情けないです。生活は本当に苦しい。それに苦しさは、誰にも話せない。誰にも話せないことも、苦しい。友だちだと、どうしても同情されますし、同情されてもなにも解決になりませんし。

外見は疲れていたが、仕草やしゃべり口調に当時を思わせる育ちのいい品性を感じる。今年1月までビジネスホテルの夜勤と、居候する学習塾でのダブルワークをしていた。夜勤は最低賃金に近い給与で、夜10時~朝8時勤務で日給1万円程度だった。週3日の勤務で12万円ほどに。もうひとつの学習塾は住み込んでいるという立場なので、学生講師の欠勤の穴埋めや清掃をしている。平均して月7万円程度を稼いでいる。

しかし、3カ月前、ビジネスホテルに退職を促された。メインの仕事を失った。理由は夜勤に若い女性が入職したことだった。

現在の収入は月7万円のみ。まったくお金が足りないので窮地に陥っている。月々の電気代も、支払いの期限日までに支払えなくなった。

電気代は払わないと、すぐに止められてしまう。電気が使えないと、屋根裏の部屋は真っ暗。小さな窓がひとつしかないので、もう本当に暗闇。暗闇にいると精神状態がおかしくなりますし。本当に情けなくなりますし。最近は頻繁に私の人生、どうしてこんなことになったのだろうって考えてしまうのです。でも、どれだけ考えても自分自身では、ここまで転落した理由がわからない。気づいたら転がり落ちて、真っ暗な部屋にいたみたいな感じです。ホテルを辞めさせられてから、食べ物も満足に買うお金がありません。食べないと生きていけないので、閉店間際にスーパーに行って、安くなった食材を1日1食とか。ガスボンベを使って安い野菜を煮るとかして、なんとか生きています。

このまま月7万円の状態が続くと、年収84万円である。

家賃はかからなくても最低限の生活すらできようがない。電気を止められると、暗闇に近い冷暖房のない部屋で何日も過ごすことになる。すき間風もすごい。冬になると本当に凍えそうになり、毛布をかぶって震えながら朝を待つ。前回、電気を止められたときは、生命の危機を感じた。一刻も早く仕事を見つけなくては、と思っている。

ビジネスホテルの仕事を失ってから3カ月、ハローワークやフリーペーパーで求人情報を探して、手当たり次第に応募している。仕事はまったく選んでいない。最低賃金でももらえれば、助かる。

これ見てください。全部、不採用の通知です。メールもたくさんです。

テーブルの下にA4サイズの書類の山があった。パラパラと眺めてみたが、本当にすべてが不採用通知で、メールと合わせると50通は超えていた。

元富裕層、キャリア官僚妻だった彼女の履歴は華麗だ。都内にある偏差値70を超える超有名な一流大学を卒業、一部上場企業に総合職として就職している。そして、結婚。キャリア官僚である夫の海外赴任をキッカケに退職する。資格は英検1級。現在の職探しの面接では、そのままを書いて履歴書を提出している。

最初は得意の英語を生かせる仕事をしたい、という希望がありました。けど、そんな仕事は一切ありません。だいぶ前に自分自身の得意なことを生かして仕事をする、みたいなことはあきらめました。だからホテルの日勤夜勤をやったし、近所のスーパーのレジ、コンビニの夜勤でも、働ければなんでもいいです。でも全部断られました。本当に全部が全部不採用で、年齢以外の理由はわかりません。常識はあるつもりなので、面接でおかしな発言をしていることもないはずです。もう、このまま死ねってことかもしれません。先日、絶対に採用を断らない風俗店が鶯谷にあることを聞いて、最近はそこに応募するか真剣に悩んでいるくらいです。

55歳の女性というだけで、本当にあらゆる仕事を断られているようだ。

結局、私が積んできた英語を活かしたキャリアは、元夫と結婚して海外に行っている間に、ないも同然になったということです。その現実は自覚しているので、キャリアがどうこうより、生きていくお金を稼がなければならない。いま、望んでいるのは、本当にそれだけ。時給換算して、何時間働けば月にいくらになる、来月も生きていけるという安定がほしい。英検1級すごいね、〇〇大学卒すごいねって言われても、まったく仕事がないので意味ありません。

貧しいことも苦しいが、それ以上に誰にも必要とされない現実に打ちのめされているようだった。

小さな窓がひとつしかない学習塾の屋根裏、明日がまったく見えない中年女性の厳しい現実。屋根裏部屋は狭く、暑い。換気もできないので、息苦しい。複数の人間が長居できる場所ではなかった。はしごを下って駅前に戻り、どうしてあまりにも厳しい現状を迎えることになったのか聞くことにした。

夫の海外赴任で年収2000万円の生活

1961年生まれといえば、高度成長期に学生時代を送り、バブル期に就職して社会人生活を送った最も恵まれた世代だ。

日本は世界一の技術大国の先進国で、学生時代はレジャーランドと呼ばれる楽園、青春を謳歌するトレンディードラマはキラキラしていて、就職すれば企業が仕事を教えてくれて終身雇用してくれた。私は彼女より10歳年下だが、まさか、あの幸せで若者は希望だけに満ちていた日本が、現在のような姿になるとは夢にも思わなかった。

駅前のファミレス。植草さんは1日なにも食べていないというので、食べながら話を聞くことにした。ハンバーグにご飯スープセットを頼んでいた。

「本当に甘やかされて育ちました。バブルでしたし。父は大企業勤めで、お金はあって、ピアノが欲しいっていったら翌日にはピアノがあったり。大学も「おまえにぴったりの大学がある」と父が勧めるので、そこに進学しました。

元夫とは、大学で同じクラスだった。在学中から付き合った。卒業後、外資系の一部上場企業に就職し、元夫は国家公務員第一種試験に合格。中央官庁のキャリア官僚となった。結婚して、28歳のときに長女、32歳のときに長男を出産。夫の海外赴任が決まり、会社を辞めた。

向こうは家賃が高くて月80万円ほどしました。ただし海外赴任は家賃も含めて手当がたくさんつくので、年収2000万~2500万円くらいだったと思います。夫婦関係がおかしくなったのは、私の母ががんになってから。日本と赴任先を行き来するようになって、私は家庭が不穏になっても母の看病を優先しました。それで元夫の心が離れちゃったのです。

がんの母親のためになんでもしようと、医師が勧める先端医療を全部母親に施した。医療費は極めて高く、2年間で1000万~1500万円ほど母親の医療費にかかったという。当時は、とことん延命治療をするのが正義だった。

全部、夫のお金です。最初のころは「手術どうだった?」って心配してくれたけど、だんだん「もう、戻ってきてもいいんじゃないの」ってなりました。そのときは、私は盲目的に母になんでもしてあげたくて、たくさんお金を使いました。最先端医療といわれるものも試しましたし。夫に甘えて母の治療をやりすぎて、家庭も二の次にして、最終的に「離婚したい」と言われてしまったのです。離婚したのは40歳のときでした。

いくらお金をつぎ込んでも、がんは進行するばかり。最初は家族の療養だからと見守っていた元夫も、やがてイライラして「人間はあきらめることも大切」と言うようになった。それでも夫と家族の元に戻らずに、母親の治療を懸命に続けた。先端医療や高額な投薬など、あらゆる手段を尽くしたが、母親のがんは進行を続けて痩せ細って亡くなった。破綻した夫婦仲は母親が死んでも戻ることはなく、数カ月後に離婚届けにハンコを押して提出した。

長女は父親と海外に残った。長男は植草さんと帰国して日本で暮らすことになった。日本でシングルマザー生活がはじまった。

前にいた会社の社長がいい人で、戻っていいってことになりました。でも出戻ると、昔と状況は変わっていた。とにかく長時間労働で、朝から終電までが当たり前。頑張って2年間くらい続けましたが、まだ小学生だった長男が「どうして帰って来ないの？」「どうして、僕ひとりなの？」という状態になってしまった。辞めました。家庭の事情を考慮してほしい、ということを言える雰囲気ではありませんでした。

受験戦争に勝って一流大学を卒業して、社会人としても得意の英語を武器にそれなりの結果は残した。海外経験もあり、それなりに仕事はできる自負はあった。夫に離婚を切り出されたとき、自分ひとりでも働いて長男を育てることができると思っていた。社会に排除されて、壁に当たるまでなにも不安はなかった。

東京で家賃8万円の部屋を借り、長男とふたり暮らしをはじめた。手取り26万円程度の給与に児童扶養手当4万2000円、夫からの養育費月7万円が振り込まれた。最初は経済的に困ることはなかった。しかし、退社。それから生活は苦しくなり、そして貧困がはじまる。

「40歳過ぎて、正社員の仕事はまったくありませんでした。英語を生かせる仕事は学習塾くらい。講師をするようになって、年収は3分の1に。生活するお金が足りなくなりました。小学校の給食費が払えなくて頻繁に小学校に呼びだされたり、家賃を滞納したり。子どものころから貧しい生活の経験はないから、お金がないという生活は初めて。本当にどうしていいかわかりませんでした。

学習塾は1コマ1500円にしかならない。頑張って働いても月10万円程度だ。毎月、数万円が日常的に足りなくなった。

家は家賃が払えなくなって、追い出されました。もう妹しか頼る人がいなくて、長男が中学2年のときから妹夫婦を頼った。妹の家は家賃が月15万円の一軒家で、私は5万円を負担して、食費はそのたびみたいな共同生活です。しばらくは問題なく、普通に暮らすことができた。けど、長男が公立高校に落ちて私立高校に進学した。同じ時期、元夫から「日本に戻って収入が減るから養育費を減らしてほしい」と言われて、家計は本当に苦しくなりました。

私立高校の授業料は毎月4万円で、初年度に100万円がかかった。養育費が7万円から4万円に減り、しばらくすると元夫からの振り込みはなくなった。長男の私立高校進学から本格的に生活費に困るようになった。入学金は海外時代に持っていたブランドバッグや、母親の形見の宝石を売ってなんとか切り抜けた。しかし、その後に悲劇があった。

カードを不正に使用される詐欺のような被害に遭って、借金を背負ってしまいました。最低限の生活もできなくなって、毎月何万円かを妹から借りた。それで最後の頼りだった妹との関係もおかしくなりました。最終的にはもう一緒には暮らせないということになって、長男の卒業と同時に親子で追い出されました」

長男は奨学金を借りて、地方の私立大学に進学した。いまは在学中で、奨学金のフル活用とアルバイトで自立している。残された植草さんは、学習塾時代の経営者に家のない苦境を相談した。荷物置き場になっていた屋根裏のスペースを提供してくれた。3年半前のことだ。

長男は大学の成績は悪かった。成績が悪いことを注意したら「もう、俺に一切かまわないでくれ」と絶縁されてしまった。長男とはそれから2年半、まったく会っていない。連絡先も住所も、電話番号もわからない。日本に戻ってきた長女とも久しぶりに会ったが、弟のことで口げんかになり「親と認めてないから」と突き放された。

元専業主婦の女性やひとり親家庭に厳しすぎる日本

家族も仕事もなにもかも離れていった。家もない状態で経済的に苦しいだけでなく、本当に孤独となった。

屋根裏で暮らすようになってから、年に数回、電気が止まります。真っ暗なところで自分を振り返るのです。いつも、いったい自分の人生ってなんだったんだろうって。家族は崩壊して、子どもにも姉妹にも見放されて、レジ打ちの仕事すらさせてもらえない。こんな生活がこれからずっと続くと思うと、気が滅入ります。自殺とかしたほうがいいのかもしれませんが、そんな気力もありません。

表情からあきらめ切った絶望が伝わる。確かに一片の希望もない。

屋根裏の生活はツラい。狭くて満足に立ち上がれなくて、冷暖房のない暑くて寒いという生活は、私も人間なのでツラいです。

最低限の生活を送れていない。母親のがんの治療に執拗にこだわったことがキッカケで自分の家庭崩壊、最終的には仲がよかった妹にも、懸命に育てた長男にも見放された。

苦しくても、誰も助けてくれない。それに屋根裏から抜けだしたくて、どんなに働く意欲があってもどこにも仕事はない。海外にいるときは、20万円を稼ぐのがこんなに大変なこととは思いませんでした。いまは3日後の想像すらできません。

もう、正社員はあきらめている。最低賃金でもいいので働きたい、望んでいるのはたったそれだけだ。しかし、いまもパートを断られ続けている。一昨日もファミリーレストランから不採用の通知があり、本当にどうしたら生きていけるのかわからないという。

学習塾は住み込みで、講師のピンチヒッターや清掃をしているから都合がいい。ですから、外に出て普通の暮らしをしたら、学習塾もクビになるかも。若いころからそれなりに一生懸命勉強して、成果も残した。社会人になってからも、頑張っていました。それでいまはこのざま。日本は専業主婦を経験した女性やひとり親家庭に厳しすぎます。人間としての最低限の暮らしもできないし、させてもらえないのですから。

最後、小さな声で悔しそうにそう言っていた。

家族を失い、キャリアを誰にも認められず、とにかく苦しい。追いつめられて、自分自身から表情が失われていくのがわかる。

この下町にはたくさんの介護施設がある。どこも深刻な人手不足に混乱している。高学歴の女性に介護職を勧めるのはどうかと思ったが、最後「この近所の介護施設を何軒かまわったら、無資格未経験でも採用されるはず」と伝えた。

何日か後、連絡がきた。介護施設に面接に行ったら一軒目ですぐに採用されたという。ただひと言、介護の人材不足を伝えただけだが、何度もお礼を言われた。

植草さんは専業主婦をしたことで、社会に戻れなくなった。社会にも家族にも排除されて、ホームレスのような状態まで転落していた。

高等教育を受けても、一度専業主婦になってしまうと、それを活かす機会を社会から与えられることはなくなるということか。さらに仕事だけでなく、夫から離婚を突きつけられて、結果的に仕事も家族もすべてを失った。明日の自分を見ているようでゾッとした。

家庭を持って子どもを育てるために一度レールから離れた女性に、自分自身の生活が支えられる程度の雇用すら与えられないとなると、現在の社会は子どもを持ったらもう終わりということになる。誰も彼女のような絶望は背負いたくない。出産を望まない女性が増えて、少子化になるのも当然である。

さらに両親は死去、家族からは絶縁されている。植草さんを助けてくれるものは現状、なにもない。本当に厳しい。彼女はあきらめ切って心から絶望していたが、死という選択をしないことを願うばかりだ。

最終学歴は東京大学大学院前期課程修了

なんと「東京大学大学院」卒という女性から連絡がきた。井川優子さん（仮名、45歳）から、待ち合わせは東京都心部のある公共施設にある飲食店を指定された。フランス語のお洒落な店名だったが、公共機関にありがちなお客が極端に少なく、無駄なスペースがたくさんある喫茶店だった。

すでに到着していた。大きな電動車椅子に背をもたれ、ゆっくりと私のほうを向いて会釈している。電動式の背もたれは、45度程度の角度で半分寝た状態だった。

井川さんの声は小さい。耳を立てながら近づくと、「今日はよろしくお願いしますね」と聞こえる。事前に体調が悪いと聞いていたが、そういう次元ではなく、やっと生きているといった状態だった。

　そんな驚いた顔をしなくても（笑）。カラダが動かないだけですから。

驚く表情をすぐ察して、笑いながらそう言う。半分寝たきりではあったが、井川さんは上品な淑女だった。最終学歴は東京大学大学院前期課程修了という。卒業後は、臨床心理士として活躍していた。

10年前、特定疾患外の難病である慢性疲労症候群（別名：筋痛性脳脊髄炎）を発症、ほぼ寝たきり状態になるまで症状は悪化した。そして、現在の厳しい状況を迎えている。症状は深刻で全身の筋肉と自律神経の機能が低下して、体温調節ができない。常に全身に激しい痛みが走り、カラダを満足に動かすことはできない。寝返りや、会話する相手に向かって右を向くようなこともできないようだった。自立で座位をとれないのは、かなり深刻な状態である。

さらに、2人の子どもを育てるシングルマザーだ。

高校2年生の長女は地域のトップ高校へ、中学3年生の長男は地元の公立中学校へと通う。長年暮らしたこの地域は、利便性の高い都内の人気住宅街だ。半年前、これまで10年以上費やして応募し続けてきた公営団地の抽選にやっと当選して、そこで家族3人で暮らしている。

収入は障害年金だけ、年200万円だけ。働くことは一切できないので、社会保障に全面的に頼るしか生きる術がない。身体的には本当に重症だ。ひとりで入浴も食事もできない、ほぼ全介助状態で、日常生活は毎日訪問するヘルパーに頼っている。身体的、精神的、経済的にも「やっと生存している」といった状態といえる。

障害年金をもらってしまうと、児童扶養手当の月4万7000円（現在5万2000円）、それと児童扶養手当証書がもらえない。それが本当に苦しい。病気で働けないから、支援団体と区役所から生活保護の受給を何度も言われました。けど、生活保護では障害加算と母子加算、どちらかしか選べない。障害年金が認定されると自動的に児童扶養手当が受けられなくなって、その証書がないとひとり親支援のメニューが利用できなくなる。なぜか、そういう制度で、非常に苦しい。子どもの大学進学が視野にあって、生活保護だと進路が制約される。だから生活保護を受けないで、踏ん張っています。

障害年金をもらっていると、生活保護はもちろん、ひとり親世帯に認められる児童扶養手当ももらえないようだ。制度を併用できないので、障害年金を選択しているのが現状で、児童扶養手当の受給世帯に認められる行政支援が受けられないことを訴えていた。

生活保護世帯の子どもが高等教育を受けるのが難しい現制度に問題があるとして、現在政党や国会で議論されているが、いままでは生活保護世帯の子どもの大学進学は認められなかった。世帯分離をすれば認められるが、保護費は大学進学した子どものぶんは減額される。生活保護世帯の子どもの大学進学は進学費用＋保護費減額というダブルの壁がある。

2人の子どもの大学進学を控える井川さんは生活保護ではなく、障害年金を選択している。障害年金しか収入がない厳しい状況で、半年前まで最も負担が大きかったのは月8万円の家賃だった。一家は生活保護世帯ではないので家賃扶助はなく、自分の収入から家賃を支払う一般の賃貸住宅を借りていた。都内の人気住宅街なので安価な物件を探しても、月8万円という金額になる。なんと家賃だけで年間96万円。世帯収入の半分が家賃で消えていた。

都心部なので家賃8万円では1DKの広さしかなく、ずっと生活環境も悪かった。10畳ほどの部屋に2台の介護ベッドを置くと、狭すぎて2人の子どもは寝るスペースがない。公営住宅に引っ越すまで、長男は押し入れで眠っていたという。

家賃4万円の公営住宅にやっと入れて、少しだけ肩の荷が軽くなりました。本当によかった。それまでは子どもの食べ物にも困る困窮状態で、最近はやっと食べて、寝るという最低限の生活環境は確保できています。私の担当医や子どもの学校の関係で、絶対に地域からは離れられない。新しい人間関係をつくれるような状態ではないですし、人気の高い地区なので公営住宅は倍率700倍以上でした。生活の困窮に応じた抽選で、ようやく順番がまわってきました。

慢性疲労症候群を発症後、現住居に引っ越すまでの8年間は、本当に地獄のような日々だった。前住居は家賃が高いだけでなく、エレベーターのない4階で車椅子では外に出られない。とても外出することはできず、買い物はすべてヘルパー任せで1年間一度も外出しない年もあったという。

もう何年間も自分ひとりでは生活できない状態です。お風呂はもちろんですし、ご飯を食べることもひとりではできません。こうしてカップを持てる日はいいけれども、カップを持てない日もある。自分ひとりで手を動かして、一食を食べきる体力を持っていないのです。食べれば元気になる。でも、食べられない。だから体力を落とす。その繰り返し。ちゃんと動く手と足が欲しい、そう毎日思っています。本当に情けないです。

日々状態が悪化して、7年前から手も足も満足に動かせていない。寝たきりに近い状態になり、清潔を保つことができない。狭い部屋に介護ベッドを2台置いているのは、汚れたら隣のベッドに移るため。汚れた側はヘルパーに清掃してもらっている。7年前から食事と入浴はヘルパー頼りで、最悪な生活環境で子どもたちに申し訳ないと思いながら、ベッドでじっと天井を見ているだけの日々を送っていた。

カラダが動かないのは、本当に気が滅入ります。それに症状が本当に苦しい。いまはちょっと落ち着いているけど、疼痛がある。鋭い痛み。肩の関節にキリを入れて、ぐりぐりされているような。それが何時間も続く。何年間も苦しめられて、ここにきてちょっと緩和しました。やっぱり生きているのが、しんどいってなります。自殺して亡くなった人たち、うらやましいな、って、心から思っていました。慢性疲労症候群の患者は自殺率が高い。私もやっぱり追い詰められて死にたいって時期は長かった。

発症のとき長女は7歳、長男は5歳だ。家賃負担が重く、子どもたちは給食以外を満足に食べることができなかった。空腹の中で、交代で母親の食事介助やトイレ誘導など介護を手伝った。厳しい生活だった。

カラダが許すかぎり、子どもたちにできることはしました。子どもがいなかったら、もっと療養に専念できて、早くよくなるかもっていう考え方もある。けど、私の場合は子どもがいるから希望があって頑張れた。子どもがいなくてひとりだったら、たぶん3、4年前に自殺していました。

井川さんには体力がない。長時間しゃべることも難しい。ここまでしゃべったところで息切れがはじまった。少し時間を置いた。

上司のパワハラでカラダが壊れた

貧困家庭は「ひとり親」「病気」「子どもが多人数」「三世代同居」と、4つのケースに分けられる。該当数が多いほど、貧困は深刻となる。井川さんは三世代同居以外のすべてに該当してしまっている。

手元のスイッチで背もたれを倒し、目をつぶって休んでいた。

この30分間ほど、小さな声でゆっくりと話をしただけだ。体温調整ができないので、少し震えている。時間切れは近い。どうして厳しい現状に至ったのか。休憩が終わり次第、足早に聞かなければならない。

東大大学院在学中から、臨床活動をはじめている。1998年、大学院を修了してからフリーランスの臨床心理士になった。各地の教育委員会、総合病院の精神科、大学の学生相談室、私立大学や大学院の非常勤講師など、活発に仕事をした。

私たちの世代は、東大卒でも就職は厳しかった。大学院卒も非常勤の掛け持ちが一般的な就業のパターンで、いま、高学歴女性のポスドク貧困が問題になっていますが、まさにそれです。私はたまたま単価の高い仕事をもらったので、月収50万円ほどありました。それで28歳のときに結婚して、すぐに長女が生まれました。

ポストドクター女性の貧困は問題となっている。背景には1991年にはじまった大学院重点化の政策があり、大学院の進学者が激増して就労先が見つからないという現象が起こった。研究職に就労ができてもアカデミックの世界は男性社会で、女性の就労は任期付きの非正規雇用がほとんどという。収入が低すぎて最低限の生活も送れない、と訴える女性研究者が続出した。

運よく大学院卒の貧困を免れた井川さんは、2歳年上の男性と結婚した。同じく大学院を修了した非常勤講師の男性で、夫婦生活と家庭は平穏だった。初めての壁は不定期で仕事依頼がくるフリーランスの仕事と、育児の両立が難しくなったことだ。

勤務先は私立大学の学生相談室で、校内でリストカットとか、あと「自殺します」って予告する学生がたくさんいた。具体的な予告になると、目を離すわけにいかないので学生相談室で保護します。保護して、親御さんに引き渡す。親御さんが地方から来るのを待つとか、そういう勤務外の仕事が多かった。時間的に仕事と育児の両立は無理と判断して、転職することにしました。転職先は省庁の外郭団体でした。天下りが多い組織ですね。

その転職から転げ落ちるように人生は暗転することになる。それまで静かにゆっくりと語っていたが、就労した外郭団体の話になると、小さな言葉にも怒気がこもってくる。

カラダがこの状態になったのは、パワハラが原因です。客観的に原因を考え続けましたが、それしか考えられない。組織ぐるみで、執拗に、執拗に、執拗にやられました。

今日、初めて少し大きな声を上げた。ある省庁の退職者と出向者が中心となって運営される団体だが、省庁からやって来た男性正規職員のパワハラはもう壮絶だったようだ。

パワハラのはじまりは、苗字からでした。私は通称で仕事をしていて、結婚で苗字が変わった。研究者でもあったので名前が変わると、業績の検索ができなくなる。だから仕事では、旧姓を使っていました。東京都教育委員会でも、当時すでに通称を認めてくれていました。でも2005年、その外郭団体に入るとき、「通称使用は絶対に認めない」と言われた。追い詰められました。どれだけ説明しても業務命令だから、苗字を変えろと。家庭裁判所に行けって、すごまれた。繰り返し恫喝されて、結局ペーパー離婚しました。離婚の理由は、名前だけが理由です。そうしたら元夫が古風な人で、ショックだったって。離婚によって気持ちが離れてしまった。要するに私はフラれて、子どもは捨てられました。

世帯年収は1000万円を超えていたが、離婚が原因で半減した。元夫は妻だけでなく、子どもも切った。約束した月10万円の養育費は、結局一度も支払われなかった。シングルマザーになって、なにもかもが苦しくなって、生活は激変した。

そこは本当に恐ろしい職場でした。全職員の1割くらいが高学歴女性で、とにかく女性をイジメ抜く体質があった。ミスを女性に押しつける、時間内で処理が不可能な仕事量を課して恫喝する、男性上司が数人で囲んで罵るみたいなことが毎日行われていた。酷かったのは、勤務中に自席で飲んでいたワインをこぼしてシミをつけた上司が近づいて「貴様を掃除係に任命してやる」と言いだした。500平方メートルくらいのワンフロアを日常業務しながら延々掃除させられて、それでちょっとのホコリや糸くずを持ってきて怒鳴るみたいな。その上司は総務部長でした。

公務員流れのそこらへんにいる男性が、女性相手に威張り狂うなど、想像しただけで吐き気がしてくる。年功序列が現存する公的機関は、組織が硬直している。昔ながらの男尊女卑が残りがちで、パワハラや威張り散らす組織の風土は長年脈々と受け継がれたようだ。特にパワハラが酷かったその団体は女性職員へのイジメ、パワハラが常態化、それまでも何人もの高学歴女性が精神をおかしくして退職していた。

さらに女性というだけで正当な人事評価はされなかった、という。井川さんは「私の在籍期間、数人いた女性職員は5段階ある人事評価で全員まず1にされました」と言っている。どんな結果を出しても女性職員の職位は上がることはなく、男性が著しく有利だった。

2007年、転職2年目、ストレスの多い日々を過ごしているうちに体調がおかしくなった。

週末は頭痛とかで寝込んでいましたし、頻繁にお腹が痛くなった。普通じゃない痛さ。医師の知人らに相談すると、みんな揃って「胆のう炎ではないか」と言っていました。お腹が痛いときは、必ず前兆で激しい頭痛が伴う。基本的に頭痛と腹痛は常態化してよくなることはなく、我慢しながら働きました。2008年1月ごろから胆のうのあたりが本格的に痛くなって、休日はぐったり疲れ切るようになりました。もう、頭が痛くて動けなかった。子どもの授業参観も頭が痛くて行けない。仕事以外、いつも寝ていました。

体調が悪くなっても、中年以上の男性職員による職場のパワハラは続いた。上司や上層部は井川さんを集中的にイジメ続けて、子どものために定時に帰ると、勤務態度を罵った。恫喝の日々。家族の大黒柱なので、どんな仕打ちを受けても辞めるわけにはいかない。頭痛と腹痛はおさまることはなく、健康が壊れている前兆はあったが、我慢に我慢を続けた。

最終的に壊れたときのことは、鮮明に覚えています。総務部長に代休振替を頼んだのです。「私の振り替え休日、どうしたらいいでしょうか?」って尋ねました。「は、捨てろよ?」と言われて、その瞬間に突然ポンって熱が出た。確か総務部長たちは、大きな声でホステスとかゴルフの話をしていた。そんな話を聞きながら、スイッチを入れたように熱が出て倒れてしまったのです。

倒れたのは、2009年3月。井川さんの健康は、その日から現在に至っても戻っていない。パワハラやイジメがストレスになり、精神疾患に追い込まれるのは何人も見てきたが、それではおさまらずに肉体が完全に破壊されることもあるのだ。こんなケースを目にしたのは初めてだった。寝たきりの井川さんを前にして、私は息を呑んだ。

39度の熱が、いつまでも38度までしか下がらない。翌日、発熱を報告すると休むことは許されなくて、また仕事を言いつけられた。本格的に体調は悪かったのですが、無理に仕事を続けました。最初は運動不足と思ってジムに行ったり、ウォーキングしたり、そんなことをしていました。それで、ますます悪化した。羞明というけど、目がおかしくなってまぶしい光に痛みが走るようになって、運動しても筋肉がげっそりと落ちるばかり。体温調節ができなくなったのも、そのころです。

だんだんと筋力が落ちた。出勤で移動するのがツラくなり、最終的には筋力が異常に低下して手が使えなくなり、足も使えなくなった。いまでも手が震えて、ペンもコップも満足に持てない。体調の悪化は底なしに続いて、現在は長時間座位を保つのも難しくなった。入浴も食事もひとりではできない、頭痛と眼痛、全身の痛みは治まらない。

どう考えてもパワハラが原因だった。悔しくていくら涙を流しても、壊れた身体は戻ってこなかった。2010年8月、本当に倒れて休職した。その後、解雇された。

排除しないでほしい

健康保険の傷病手当金と、児童扶養手当で生活した。しかし、いつまで経っても回復しない。ひとりで自立して生活ができなくなって、2011年に障害認定を受けた。障害年金の受給がはじまった。すると、すぐに児童扶養手当、そして、だいぶ経ってから傷病手当金の返金を迫られた。失業保険を頼りたかったが、就労できない身体状態とされて、支給はされなかった。

ギリギリの生活だったので、170万円の返納はパニックになりました。持つお金を全部払っても足りません。私は1日1食だけにして、せめて子どもだけ最低限にと願っても、1つの菓子パンを3人で分ける、みたいな生活でした。障害年金と児童扶養手当の併用ができないことが、ここ数年の生活が極端に苦しい原因でした。

生活苦に涙を浮かべる。分割で支払っている傷病手当金の返金は、まだ終わっていない。どんなに経済的に追い詰められても、歩くことすらできないのでどうにもならない。

2人の子どもにも苦しい思いをさせて、謝ってばかりだった。利用できるサービスがないかと区役所に問い合わせるたびに、「子どもを施設に入れろ」と言われている。何十回とその提案をされたが、拒絶を続けている。

いまの日本はひとり親が病気になって、こんな全介助みたいになったら子どもは施設に入れなさいって社会です。カラダは動かないかもしれないけど、私はまだ考えられるし、感情もある。ヘルパーの方の手を借りれば、まだいろいろなことができる。全身痛くて毎日、毎日苦しいけど、私が子どもたちにしてあげられることは、勉強を教えてあげること。長女が中学2年、長男が小学6年のときから、私が勉強を教えてきました。

長男は塾なしで、都立中高一貫校に合格した。推薦になると9教科オール5が条件といわれている有名校だ。長女は東大を目指しているという。

毎日のように死のう、死にたいって思っていたけど、受験を乗り越えて子どもが元気になった。長男は希望の中学に進学してから、表情は自信に満ちてきた。それまではいつも引っ込み思案で、自信がない僕っていう感じでした。すぐ涙が出ちゃうみたいな。長男が元気になったら、長女も笑顔で頑張りだして、いまは本当に子どもに励まされながら生きています。

再びカラダが震えだした。寒いようだ。小さな声はさらに小さくなり、そろそろ限界だった。自宅は徒歩圏だが、体力のない彼女がここまで来るのは大変な労力だ。この取材に応じたのは、おそらく制度に言いたいことがあるからだ。最後に聞く。

――現状の制度に言いたいことは？

障害のある親が子どもを育てるサポートがほとんどゼロなことです。現在に至っても、児童相談所も子育て支援課のソーシャルワーカーも「子どもを施設へ入れろ」ばかり。障害がある親が子どもを育ててはいけないと、制度側の人たちは思っています。それはおかしい。だから、障害のある親が子どもを育てると、苦しめられることばかり。私は全介助みたいな障害者だけど、子どもと暮らしたい、親として生きたいのです。

自分ではコートを着ることができない。ヘルパーの女性がやって来て、慣れた手つきで着衣する。湯たんぽを背中に入れて、背もたれを起こして電動車椅子はゆっくりと動いた。

公営団地まで20分ほどかかるという。

職場の暴力ですべてを奪われた。

最後に残されたのは、一緒に生きる子どもだけだ。

日本最難関の大学院を卒業した頭脳があっても、健康を取り戻すまで、頼るものは社会保障しかない。

排除しないでほしい。

井川さんはそれだけを言っていた。

終章
絶望の淵

これまで、女子大生、単身OL、シングルマザーと、さまざまな女性たちの貧困の悲劇を見てきた。

父親に奨学金を奪われている21歳の美人女子大生は「将来は自殺すると思う」とつぶやき、25歳の非正規工員は「なにもかもをあきらめた」と人生を投げだし、最低生活費以下で暮らすシングルマザーは「子持ちで離婚したら、もう生きようがない」と嘆いていた。

彼女たちは決して自虐的に大げさに悲観しているわけ

ではない。どんなに頑張って生きようとしても、まともな未来が見えないのだ。

そしてため息をつき、あきらめて、心から絶望している。

目を覆うような酷い現実だが、これからももっと多くの女性たちが地獄のような日々を送るだろうことは、もう逃れられない流れである。

将来的にいまよりよくなるという理由が本当になにもない。

東京で生きる貧困女性の取材を通じて、そんな真っ暗な未来が見たくなくても見えてしまった。

これまで子ども、女子大生、精神疾患患者、シングルマザー、非正規労働者、パワハラ被害者、キャリアを認められない高学歴専業主婦、単身の中高年女性――と、さまざまな女性たちの貧困の悲劇を見てきた。

普通に暮らしたい、だからいまは勉強したいというささやかな意志を持つ女子大生は、奨学金という名の借金を背負わされてカラダを売っている。

単身女性は、非正規労働しか選択肢がなく、なにも買い物ができない貧困暮らしか、パパ活や風俗に手を染めて男性からの再分配でやっと生活ができる。

シングルマザーは、苦しみのあまり精神疾患になり、生活保護に頼らざるをえなく、そんな中で全国民の命綱である社会保障は縮小の一途である。

目を覆うような酷い現実だが、これからももっと多くの女性たちが地獄のような日々を送るだろうことは、もう逃れられない流れである。

若者が減り続けている極端な少子高齢化の日本で、将来的に格差が縮まって、産業が復興し、先進国と呼ばれたころの幸せだった日々を取り戻すことは、どう考えてもありえなさそうだ。

このままでいいのだろうか――。

女性たちの苦境を聞きながら何度もそう問いかけたが、正直、もうどうにもならない気がする。将来的にいまよりよくなるという理由が本当になにもない。

取材から明確に見えてきた未来は、終わりのないさらなる下り坂と、それにともなう苦しみ、目の前の人々が憎しみ合う分断だ。

たまたま転落することなく生き残った中流以上の人々は、離婚や養育費未払い、奨学金利用などの些細なキッカケで貧困に転落した人々に自己責任の暴言を浴びせかけ、これからもっと貧富、世代、男女で苛烈な分断がはじまる。そして、延々といがみ合って罵り合ってさらに沈んでいく。

東京で生きる貧困女性の取材を通じて、そんな真っ暗な未来が見たくなくても見えてしまった。

病院に心を壊された

本書の最後に、それらのネガティブな要素がすべて凝縮した、極めて厳しい苦境に陥る女性と会った。足もとがおぼつかなく、マスク姿で現れた山内里美さん（仮名、48歳）は、一瞬見ただけでボロボロの状態であることがわかった。

んああ、えんああぁ、んぁああ……

なにを言っているのか、わからない。聞き耳を立てて近づいたが、わからない。

カバンからメモ帳とペンを取りだす。「20分後には薬が効くと思うのでしゃべることができます。申し訳ありません」と書いてあった。達筆だった。

精神障害と向精神薬の副作用、脳脊髄液減少症に長年苦しんでいた。症状が深刻になったこの4年間は、働くどころか、普通の日常生活も送ることができない。徒歩5分程度、そんな短い距離を歩くことも苦痛で、普段は自宅から出ることはなく、一日中横になって療養しているという。

服装はジャージ、首には痛々しいコルセットが巻きつき、ここにも、何度も休息しながら、フラフラになりながらなんとかやって来たという。普段は動けないし、しゃべることもできないが、服薬すると一時的に回復して、話をすることができるという。

まさにボロボロである。かろうじて生きている、という状態だ。

山内さんは、バツイチのシングルマザー。子どもは長女（23歳）、長男（21歳）、次女（19歳）で、近くの団地に長男と次女と3人で暮らしている。山内さんと次女は生活保護を受給している。

薬が効くまでしゃべることができない。沈黙が続く。静かな間、持参してもらった生活保護の受給証明書、障害基礎年金の振込通知書、昔の写真を見せてもらった。

テーブルの上に出された若干色あせた紙焼き写真には、華やかで美しい笑顔の女性が写っていた。22年前26歳のときの山内さんだ。当時はシングルマザーになったばかりで、子どもを育てるために水商売をしていた。池袋の人気店のキャバ嬢だったという。

華やかな22年前。そして歩くことすらままならず、筆談する現在の弱り切った姿。私は信じられないギャップに絶句した。

「精神病院に精神障害者にさせられたと思っています。まさか自分がそうなるとは思わなかったですが、現実にそういうことがあるのです」

20分後、声が出た。マスク越し、小さな声でゆっくりとした口調だった。健康だったころ、品のある女性だったろうと思った。

「精神科に最初に行ったのは12年前です。当時、横浜の訪問介護事業所の正規職員だったのですが、小さな子どもを3人も抱えた状態で何年間も長時間労働をさせられました。そんな仕事をしたことを本当に後悔しているのですが、そのブラックな介護事業所で働いたことが、いまになっても清算できていません。本当に無理して働いて、最終的には脳脊髄液減少症になってしまいました。脳脊髄液が漏れて、頭痛やめまいが止まらなくなる病気です。もう、とても働けません。倦怠感とか眠れないとか、いろいろ重なって生活保護を受けました。

まだ、不幸は続く。市役所の生活保護課の紹介で、指定された精神病院を受診した。

最初は「軽いうつでしょう」っていう話だったのに、通院するたびにどんどん薬が増えた。あるときに診断書を見る機会があって、そこに「統合失調症」とか「うつ病」とか「不眠症」とか、いろんな病気が書いてありました。

最終的に精神科から8種類の薬を処方された。

子育てと長時間労働でカラダを酷使して大病を患った。生活保護を受給して精神病院に通院するようになってから、彼女の本当の地獄が幕を開けることになる。服薬して不眠はさらに酷くなり、幻聴や幻覚が起こり、頻繁に記憶を失った。さらに自傷行為や被害妄想、記憶にないところでヒステリーを起こして暴れるようなことも起こった。

自分が自分でなくなった。

マイナスしかない壮絶な副作用だ。山内さんは向精神薬によって、自分自身が破壊されてしまったと考えていた。

もう生涯、マスクなしには外を歩けない

母子家庭で、たったひとりの大黒柱が壊れてしまったら必然的に家庭崩壊となる。壊れた家庭は、荒れた。

当時、中学生だった長女は壮絶な非行に走り、家にはほとんど帰ってこない。万引きや窃盗、家庭内暴力が収まらなくなり、頻繁に警察から電話がかかってくる。さらに小学校低学年だった次女は表情がなくなって登校拒否となった。クラスメイトや担任を怖がり、自宅の片隅で震えて学校にいっさい行かない。長男だけは母親や長女が荒れても黙って耳をふさぎ、なんとか学校にだけは行っていた。

長女は夜遊びや窃盗だけでなく、売春行為でも補導された。呼びだされて警官にも散々注意されたが、あきらかにネグレクトが原因だった。

荒れ狂った長女は寂しかったのだ。

山内さんは警察から連絡があるたびに引き取りに行き、警官に何度も謝った。長女の非行は自分のせい、その自覚はあった。どんな事件を起こしても、自分が原因なのでなにをしても怒ることができなかった。警察沙汰を起こして自宅に戻っても、すぐに家を出てしまう。待っていても、帰ってこない。

長女に対して、何とか親の役割を果たそうと頑張りましたが、なかなかうまくいきませんでした。

母親は深刻な精神疾患に苦しみ、長女は荒れ狂い、小学校低学年の次女は登校拒否。そんな絶望的な家庭を、さらなる悲劇が襲う。

最終的にトドメを刺されたのは、私が4年前にジスキネジア（反射的に体が動く障害）を発症したことです。薬の副作用です。いまはマスクをしていますけど、口のまわりがもう自分の意志で動かせない。普通の食べ物をかむこともできないし、薬なしではしゃべることもできない。顔の筋肉がおかしくなっているので、マスクを取った顔はとてもお見せできない状態です。鏡には自分でも恐ろしくなるような顔が映ります。

山内さんはもう生涯、食べ物をかむことができない。死ぬまでミキサー食やゼリーを食べるしかない。マスクを取った素顔で外出することも、もう二度とかなわないという。

行政や病院がおかしいと思ったのは、遅いのですが、ジスキネジアを発症してからです。無知でした。患者の私たちには、なんの情報もない。だから疑うだけですが、自分がこんな状態になって思ったのは、生活保護の患者を精神病院が食い物にするということ。すべてが薬を飲んでからはじまっているし、そうとしか思えません。どんな病気であっても、病名をつけて薬を出せば患者は一生通う。私はもう症状を薬で抑えることはできても、病気が生涯治ることはありません。薬を飲み続けるか、死ぬしかないのです。悔しいです。

絞りだすような小さな声で、そう言う。行政の生活保護課に紹介されたという病院名を検索してみると、都内の高級住宅街にある著名な医院長が経営する有名なクリニックだった。

薬が効いてしゃべれるようになってから、40分くらい経ったか。長くしゃべることができないので休憩をすることにした。編集者がトイレに行っている間、「私の顔がどうなっているか見ますか？」と、山内さんは話しかけてくる。

周囲を気にしながら、私にだけ顔が見える角度になってマスクを外した。

ほんの3秒くらいだったか。頬の筋肉が弛緩して、顔面は信じられないような状態だった。具体的に言うと頬の筋肉がないので下歯の重さで口が開きっぱなしで、顔が不自然に長い。見えたのは本当にホラーに出てくる妖怪のような顔だった。

私はあっけにとられて絶句した。なにも言葉を返せない。彼女はすぐにマスクを元に戻した。そして、すぐに編集者が戻ってきて、何ごともなかったように元の姿勢に戻る。しかし、筆舌に尽くしがたい壮絶な悲劇が、また介護業界からはじまっていることに憤りを感じる。高齢者が優遇される超高齢社会は、弱者である女性や若者の賃金だけでなく、人生までも飲み込んでしまうのだ。

美人で勤勉だった山内さんと3人の子どもたち、それと要介護状態となった最期を待つ高齢者とどっちが大切かと問われれば、誰もが前者というだろう。しかし、介護業界周辺を取材していると、山内さんほどの壮絶な悲劇は稀だが、このような話はごろごろと転がっている。

最期を待つ高齢者が丁重に世話をされ、現役世代や子どもたちの人生が奪われる。いったいこの現実のなにが社会保障なのだろうか。明らかになにかが狂っている。

介護職になって彼女の身に降りかかったのは、介護事業所による過労死水準を超えるサービス残業、必然的な子どもへのネグレクト、子どもの破綻、長時間労働による健康被害、行政が指定した精神病院の薬害で人間そのものが破壊され、現在はギリギリ生存という状態まで追いつめられている。

先ほどの顔では、絶対にマスクなしでは外を歩くことはできない。もう一生、元の美しかった姿に戻ることはなく、未来が見えない、絶望しかないという形容を超えた状態で、生と死の淵をさまよっていた。

介護の仕事に就いたことが間違いだった

薬が効いている時間しかしゃべることができない。いったい、どうして現在に至ってしまったのか。時間切れになるまで聞く。

東北出身、地元の専門学校を卒業して就職で上京。20歳から会社員をしながら、都心部で平穏に暮らした。22歳で社内結婚。24歳のときに出産のために退職する。長女が産まれた。そして27歳のときに長男が産まれた。長女3歳、長男1歳のときに離婚。子どもを2人抱えてシングルマザーになった。離婚理由は「触れないでほしい」と言う。

「突然、シングルマザーになってしまって、絶縁みたいな離婚だったので慰謝料も養育費ももらえない。子どもを育てていくための選択肢は、夜の仕事しかありませんでした。キャバクラです。池袋、上野、六本木といろいろなところで働いて、それなりに稼げました。子どもは夜間保育園です。私なりに必死で生きて、決してネグレクトではなかったですが、いま思えば、子どもには申し訳ないことをした。さびしい思いをさせてしまいました。

勤務時間は夜8時〜深夜1時まで、週4〜5日は出勤した。売り上げは高く、ナンバーワンになることもたびたびだった。

水商売で人気を得るのは簡単ではない。外見を気にするのは当然のこと、お客さんとの会話はすべて記憶し、相手が求めるように振る舞った。繁華街の夜間保育園はそれなりに高額で毎月10万円以上はかかったが、2年間で貯金は1000万円を超えた。

子ども2人抱えての東京暮らしは厳しいと、実家に帰ろうと思っていました。そんなときに、ある男性と知り合いました。キャバクラのお客さんです。意気投合して同棲して、子どもも懐いていた。結婚しようって約束もしました。一緒に住んですぐに次女を妊娠した。でも、出産してすぐ、その男性はお金を全部持って行方不明になりました。自動車販売店を経営しているってことも、結婚しようって言葉も全部ウソだったのです。

3人の子どもを抱えながら、お金はすべて奪われてしまった。

当時、超高齢社会を目前にして、未来産業と呼ばれていた介護の仕事に就いた。

それが大きな間違いだった。

介護保険導入直後で人気の高かったヘルパー2級を取得し、訪問介護事業所の登録ヘルパーとなった。しばらく続けるうちに正社員に誘われて、サービス提供責任者になり、しばらくして管理者になった。

介護は大変でした。異常っていうくらいやることがあって、時間内では絶対に終わらない。責任がどんどん重くなって、主にやらされたのは書類や事務関係の全部です。書類整備や国保請求から、給与計算、新しい事業所の認可の書類まで作らされて。勤務時間は朝8時～夜12時という状態です。

介護にかかわった2000年代前半は、事業所によるブラック労働の全盛期だ。当時の介護経営者は「どうやって職員を安く長時間働かせることができるか」ということを常に考えていた。

1日15時間に及ぶ労働をさせられたら子育てどころか、自分自身の健康も維持できない。自分の子どもはネグレクトしか選択肢はなく、介護にかかわってから家庭は小学生の長女が幼い弟と妹の面倒をみる、という劣悪な家庭環境になった。

休憩を挟むっていう決まりがあるじゃないですか。夜6時ぐらいに1時間だけ休憩をもらって、一度家に帰って子どもにご飯を食べさせてまた仕事に戻るみたいな。介護は5年続けましたが、家事もしなきゃならないし、結局、睡眠時間を削るしかないですよね。1日2時間とか3時間しか眠れない日々が続いて、最終的にはカラダを壊しました。

給与は管理者になって、壮絶な残業をしても手取り24万円ほどだった。シングルマザーは長時間労働しないと家庭を維持できる賃金を稼ぐことができない。しかし、長時間労働をすれば育児ができず、子どもが犠牲になる。違法労働をさせる介護事業所は、違法労働によって従業員の家庭が壊れることには興味がないので無頓着である。

介護で無理に働いたことで、最初に長女が不安定になりました。親の愛情が十分じゃなかったことが理由です。本当に申し訳ないと思っています。次女が適応障害になって不登校になったのは、それからしばらくしてだけど、私が当時家にいてあげられなかったことは大きいでしょう。自分の精神状態もどんどんおかしくなって、記憶が途切れるみたいなことが起こりはじめたのもそのころからです。何もかもがおかしくなりました。

執拗な頭痛とめまい、頭が痛くて視界が二重になった。特に頭痛は耐え難い苦痛で、仕事は手につかなくなった。病院に行くと脳脊髄液減少症と診断された。長時間労働と子育てに追われて、限界を超えて働いたことが原因だった。たった一人の母親である山内さんは、完全に壊れてしまった。

続けるのは不可能だったので、訪問介護事業所は辞めました。一応、会社に事情は話しましたが、あまり興味ない感じで謝罪もねぎらいの言葉もなく、冷たく追い払われました。ほかの仕事をしたくてもできる状態じゃない。わらにもすがる思いで役所と福祉事務所に行って生活保護を受けることにしました。

それだけは親として許されない

生活保護を受給して自宅で療養したが、壊れた自分自身と壊れた家族が元に戻ることはなかった。

長女は非行に走った。なんとかしようと長女とは何度もぶつかった。長女は壊れた母親に「男にだまされるあんたが悪い」と何度も怒鳴った。次女は小学校1年で登校拒否になった。7歳から外に出ることを怖がり、学校に行かなくなった。19歳になる現在まで、その引きこもりは続いている。
そして、山内さんは向精神薬によって状態はどんどんとおかしくなり、日常生活も送ることができないほどに破壊されてしまった。抱える現実は、まさに地獄だった。

自殺は何度も何度も考えました。実際に自殺未遂は何度もしていますし。でもいま思うのは、私にできることは絶対に死んではいけないってこと。私が逃げてしまったら、おそらく次女は後追いします。それだけは親として許されないし、現実とか生きることから逃げてはいけないと思うのです。

長女は成人して家を出た。現在は他県で恋人と同棲している。性格はすっかり落ち着き、たまに連絡がある。
長男はコツコツと勉強して奨学金をフルで利用して、都内中堅大学に進学した。いまも実家で暮らしながら、真面目に勉強を続けている。長男は1日でも早く家を出ることを望み、深夜にアルバイトをしてお金を貯めているという。
そして、家を出ない次女だけが負のスパイラルから抜けられないでいる。

私も次女も望んでいるのは、やっぱり生活保護から抜けて普通になりたいということです。人様の税金で生かされて、自分が健康だったらそれはズルいと思うだろうし、抜けたい、人に迷惑をかけたくないという気持ちは強くあります。

次女は決意をして来週からアルバイトをすることを決めたという。12年間、引きこもる次女にとって相当な覚悟だ。先日、近所のレストランの厨房に面接に行き、短い時間から仕事をすることが決まった。

生と死の淵を彷徨っている山内さんも、生活保護から抜けることを最大の目標にする。とても働ける健康状態ではないが、数カ月のうちには「登録ヘルパーに戻って少しずつ働く」ことを目標にした。週1～2日、薬を飲んで3～4時間働くのが現在できる精一杯だと思っている。

苦しいし、現実的でなくても、生きるために少しでも前に進むしかない。

貧困女子を増殖する東京という病

いったい日本は、東京は、どうなってしまうのだろうか。

たぶん、どうにもならない気がする。

東京の貧困女性たちのさまざまな声に耳を傾け、こうやって文章化することで一通り検証したが、ほぼほぼ国の制度と法律改定が原因だった。あとは男性からの暴力と精神疾患だ。自分なりに一生懸命に生きていたが、理不尽に追い詰められてその絶望を「自己責任」という一言で封をしているのが、現状だ。

国や行政がこれからの日本を担う女子大生たちを売春に誘導し、深刻な少子化の中で必死に子どもを育てるシングルマザーたちを飢えも想定に入るような貧困に追い込んでいる。国の制度と法律改定がその原因だとすると、ここまで女性たちが語ってきた苦しさは、制度設計して統治する側から眺めれば計算どおりという可能性さえある。

最近、よく新聞紙面を飾る一億総活躍社会にしても、外国人労働者受け入れにしても、貧困化や格差拡大がさらに進行する方向に向いている。これからはじまる働き方改革も同一労働同一賃金制度も、底上げにつながるような気配はない。それは我々が選挙で選んだ国を統治する人々が意思を持って選択した道だろうから、もう、どうにもならないのでは？　と思ってしまうのだ。

貧困は欲しい物が買えない、食べたい物が食べられないという消費活動の鈍化だけでは終わらない。貧困は貧困を生み、世代を超えて苦しみが続き、逃れることができなければ、最終的に死という領域が見えてしまう。

国民を貧困化させてなんのメリットがあるのか私の立場では理解できないが、なにも希望が見えない雰囲気はあらゆるところに充満している。

日本は安全と安心ではなく、不安と恐怖を駆り立てることを推奨する社会になってしまった。

現在は女性をターゲットに貧困化が進行しているが、彼女たちが絶望し、苦しむ姿を眺めさせて、誰かが「ああなりたくなければ、もっと生産性を高めろ」と駆りたてているのかもしれない。

国民の誰かを転落させなければ国がやっていけないならば、どこかのタイミングで女性から中年男性にシフトチェンジするかもしれない。私自身、取材で出会った彼女たちと遠くない未来の自分の姿がダブって怖くなった。

貧困は、経済的な貧しさ、病気、希薄な人間関係、孤独、救済制度の知識不足など、ネガティブな要素が重なって深刻さが増していく。

特に、家賃が高く、地域の縁が薄い東京暮らしは、躓いて貧困に陥りやすい。

東京の貧困女子の苦境を聞きながら、なんとかならないかと何度も思ったが、上流や富裕層、男性たちが彼女らの苦境を理解しないことにはどうにもならない。

しかし、自己責任の言葉は止まらないので、状態はもっと悪化するとしか思えない。無理解が蔓延する現状ではＳＯＳを出しても、どこにも届かない可能性が高い。

そうなると、もう個人の問題だ。

いつ誰が転落するかわからない社会である以上、貧困女子たちの声は誰にとっても他人事ではないはずだ。

苦境を話してくれた女性たちの苦しみに耳を傾け、貧困を自分事として考え、貧困の罠が目の前に潜んでいることを知ることが必要だ。

語ってくれた貧困女性たちも、貧困に陥った自分たちの絶望の物語によって、一人でも多くの人たちが貧困の罠から逃れることを望んでいるはずだ。

あとがき――でも生きていきます

「実は近くに寿町があるんです。中村さんに見てもらいたいです」

本書には掲載しなかった横浜での取材後、ある元貧困女性にそう言われた。

寿町は日本の三大スラム街と呼ばれる場所だ。品川から東海道本線で20分、東京近郊にある大都市・横浜にそのスラム街がある。

彼女は児童養護施設出身で貧困を経験し、誰も身寄りのない孤独という恐怖感に常に晒されながら、単価の高い仕事を必死に覚えて貧困から抜けだしている。しかし、女性の平均賃金を大きく超えた金額を稼ぐようになっても、常に貧困への恐怖は拭えないと何度も言っていた。

自分自身の苦境を2時間以上に及んで語り、まだ伝え足りないという様子であった。

彼女の自宅から横浜の中心街をしばらく歩くと、横浜スタジアムがある。横浜ＤｅＮＡ

ベイスターズの筒香嘉智選手の巨大な看板を越えて、公園を出ると街の雰囲気がだんだんと変わってくる。いままで歩いていた繁華街や整備された公園と比べると、明らかにゴミと自転車が多く、心なしか街の空気が澱んでいた。

スラム街と呼ばれる寿町は、お洒落で煌びやかな横浜の中心地近くにあり、その区画だけ異形を放つ。路地に一歩入ると、古びた居酒屋やスナック、簡易宿泊所が建ち並ぶ。寿町に到着したことは言われなくてもわかった。

寿町には平日の昼間から所々に酔いつぶれている人がいた。無数の労働者風の男性たちは、昼間から酒盛りし、酔っ払っている。車椅子姿の老人も何人もいて、彼らの表情は決して暗くはなかった。寿町はかつて港湾関係の日雇い労働者の町だったが、1990年代になって港湾の仕事がどんどんとなくなり、現在は住民のほとんどが生活保護受給者という福祉の街になっていた。

寿町、西成、山谷の日本三大スラム街と呼ばれる地域は、昭和の時代から貧困の象徴とされてきた地域で「ドヤ街」とも呼ばれる。ドヤという呼称は宿からきていて、ドヤと呼ばれる簡易宿泊所の料金は1泊2000円前後と破格に安い。もっとも高級な宿泊所で1泊3000円という。

宿泊費だけではなく、自動販売機のジュースは50~90円、飲食店はラーメン200~3

00円、定食が300~400円程度と、とにかく物価も破格に安かった。

「あれ、見てください」

女性が指さした先には、お酒の自動販売機があった。年齢確認をしないで、誰でも買える仕様になっている。

ここは横浜の中心地だが、寿町だけは治外法権となっているのだ。飲食店の並びには老人デイサービスや病院もある。住人たちは小さな寿町から出ることなく、生活ができるシステムができあがっていた。

「ゴミ収集日は他の地域より少なくて、行政は寿町だけ違う運営をしているんです。住民税を払っている人は誰もいないだろうから、当然サービスは減らしている。貧困者を一カ所に集めると、いろいろとやりやすいんだと思います」

寿町の住人は常宿する簡易宿泊所で好きなだけ眠り、適当な時間に起きる。街に出れば似たような境遇の知り合いや友だちだらけで、やることはなにもないので昼間から酒盛りをする。くだらない話をして騒ぎ、路上で酔いつぶれる。1円パチンコをして勝てば、行きつけのスナックに行ったりする。寿町は飲食店でひそかに行われる違法賭博（ノミ競馬）も盛んだという。ずっと遊んで時間を潰す生活である。

生活保護受給者は医療も介護も無料で、仲間もたくさんいる。借金などをしなければ、それなりに安心して死ぬまで暮らすことができるのだ。

彼女がなぜ、私を寿町に連れてきたのかわかった。

スラムと呼ばれる場所で生きる人々のほうが、現在膨大に存在する多くの貧困女性たちより、恵まれている環境で生きていて幸せだということだ。

寿町の住人は、みんな生活保護を受けている。最低生活費と住宅扶助を合わせて、月14万円弱の収入がある。ドヤの宿泊費は水道光熱費を合わせて1泊2000円程度なので、月6万円。残る月8万円程度で、それで飲み食いし、パチンコなどをして過ごしている。

一方、単身の非正規女性になると時給1000円程度で、フルで働いてようやく生活保護基準を少しだけ超える。東京や神奈川は家賃が高いので、とても満足な単身暮らしができない金額だ。

長時間労働となるダブルワークをして、ようやくギリギリの生活となる。寿町の住人のように遊べないし、働きっぱなしで孤立し、誰も友だちがいなかったりする。

「そういうことです。日本は女性を生活保護水準で働かせる制度設計をしている。私はたまたま抜けだすことができたけど、多くの一般女性たちはスラム以下の扱いなんです」

港湾労働者の町からはじまった寿町は、歴史がある。外からは貧困者が暮らすスラム街として認識されている。見える貧困なので社会保障だけでなく、外からの救援も集まりやすい。商店は生活保護者にあわせた価格設定がされていて、一般社会より3～4割減の価格であらゆる物が動いている。

スラム住人と非正規の単身女性を比較すると、実質賃金や可処分所得はスラム住人のほうがはるかに高い。シングルマザーになったらもう雲泥の差となる。街に溶け込んでしまえば、本当に困ることはあまりなさそうだ。

逆に寿町を一歩出れば、一般社会は見えない深刻な貧困だらけだ。

何度も書いてきたが、国や行政に賃金を設定される自治体の非正規職や介護職は、必死に働いてもスラム街の住人たちの生活水準には届かない。挙げ句に多くの介護職は「夢ややりがいがある」と洗脳されて、感謝をしながらスラム以下の生活を送っている。

なにか異常な現実が着々と進行している、としかいいようがない。

寿町はまさに福祉の街で非常に合理的にセーフティネットがまわっていた。格差が広がった日本の将来はこの街みたいな場所が、一つの市や区くらいに拡大していくのかもしれない。
日本の未来かもしれない寿町を一周して、彼女は自宅へと帰っていった。

＊＊＊

本書を出版するにあたって、話を聞かせてくれた貧困女性の何人かに「現状を教えてください」というメールを送ってみた。
第6章「子どもの未来が消えていく」に登場し、東京大学大学院卒の寝たきりに近い深刻な状態だった井川さんから返信がきた。

振り返ると不幸なことがいろいろあり、雪崩のようであり、津波にのまれるようでしたが、返信を書いていたら長くなってしまいました。生きのびるのにやっとの体力ですが、生きのびたらよい日もいっぱい来そうですよ。

この挨拶からはじまる本当に長い返信だった。取材のときは突然カラダが震えたりして、本当にギリギリといった状態だった。彼女は壮絶な貧困の日々を語ってくれて、「障害者の親も子育てをしたい」ことを訴えていた。

そもそも「ひとり親支援を受ければ障害年金（3級以外。つまり1、2級）が停止」され、「障害年金（同）を受ければひとり親支援から排除される」という不合理性と、それによる極端な困窮化を伝えたくて、取材をお願いして声をあげました。

記事がアップされたとき、初めての治験入院中でした。コメント欄の酷い内容の多さに震撼しました。コトの重大さを一読してすぐに理解された方々は一握り。また、障害を抱えながら子どもをひとりで養育する当事者は超マイノリティなので地域ではすぐに私だと特定されました。

10万人に1人程度とみられる当事者ともつながりはじめましたが、やっとつながっても、昨年はうつ病のシングルマザーが無理して仕事を増やして悪化して飛び降り自殺を図り、今週は末期がんで5年も頑張っていたシングルマザーがまだあどけなさの残る息子さんを残して逝去されました。

（中略）

生活保護は何度となく勧められてきましたが、いまを生きるだけのための制度なので、教育費の必要な家庭には決定的に向きません（勉強が嫌いで高卒でさっさと働こうとする子どもなら向いています）。私の子どもは都立高校ですが、受験費用として（初年度納入金を含む）150万円は用意してください、と2年前に指導されました。それは国公立に現役で合格する場合の最低額です。

生活保護や受験生チャレンジ支援貸付（実質上給付）で、高3の場合は塾代20万円、受験料8万円まで助成されます。有難いけれど、おためごかしに近いものです。生活保護を受けたら、医学部医学科受験は絵に描いた餅のようなもの。自宅通学できるのは東大と東京医科歯科大ですが、中高一貫校以外の出身者をほとんど聞いたことがありませんし、そこでトップクラスでも現役合格はきわどいものです。現役だと地方大となりますが、それでもとても難しいです。コストを最小に抑えようと調べ尽くしましたが、受験費用だけで50万円は下りません。格差を制度が作っていると感じます。

経済的にはこれからが想像を絶する深刻さとなります。

障害年金の子加算（年間22万円強）がなくなり、出費は増えます。学生アルバイトも今は昔、です。今の大学生は勉強やインターンシップなどに忙しく、専攻や年次が上がるとアルバイトができないと聞きます。頼りだった塾講師・家庭教師は難化し、単価は下がっていますね（家庭教師の時給は3000円が相場。私のころは5000円から選べて、本当に助かりました）。少しでも仕送りをしてあげたいと心から思いますが、なんらかの形で収入を上げないと、自分の生活に事欠くレベルで削りようがない可能性が高いです。

下の子は「将来がまったく描けないんだ」とこぼしていますが、外での体験も少なく、資金もなければ仕方ありません。こんな子どもも明るく将来を描いて羽ばたける社会にしたいなと願っています。

井川さんの2人の子どもは劣悪な環境で育ちながらも、極めて優秀で国立大学医学部の受験準備をしているようだ。

彼女は障害者を排除する国の姿勢に憤りがある。社会を変えるには当事者が訴えて法律を変えなくてはならない。あのギリギリ生きているようなカラダで論文を書き、出版社に持ち込み、国や行政を相手にロビイングするとは、ものすごい行動力である。

日々の未来が見えない取材で女性たちの苦境に共感しながらもあきらめ、「もう、いつ死んでもいいかな……」という心境だった私は見習わなければならない。

違法建築の劣悪な屋根裏に住み、最低賃金のアルバイトすら面接で落とされると、感情が失われた表情で苦境を語っていた第6章に登場する元キャリア官僚の妻だった植草さんからもメールが返ってきた。私はその仕事を人に勧めていいのかためらいながら植草さんに「近くの介護施設ならば、おそらく採用されます」と伝えている。数日後、彼女は本当に面接に行って介護職になっている。

＊＊＊

結論から申し上げますとインタビューの直後についた介護の仕事で、1年半くらい順調に働いておりましたが、ハードワークから身体を壊してしまい、現在の状況は以前より悪くなってしまいました。

まだ、あの屋根裏に住んでおりますが、オーナーさんに出て行ってほしいと言われていて、この3月には出なければならない状態です。

唯一、明るい話としては、記事に気がついた息子から連絡がありました。ただ、昨年できちゃった結婚をして子どもが生まれ、いまは自分たちの生活で手一杯のようです。
娘はというと元夫が一昨年外務省幹部になり帰国していますが、新しい妻と3歳の子どもを連れてきたとのことで、新しい親子関係・職場での人間関係に加えて姑との関係に悩んで、アルコール依存症から自殺未遂をして、現在も精神的に病んで入院中です。
書き文字にするとなんだか悲惨ですが、私自身がこの有様なのでこれ以上落ちようがない居直りの気持ちが出てきているのも事実です。

人生は苦しいですね。

でも生きていきます。

家賃のかからなかった屋根裏を出るとなると、どうなってしまうのか。住み込みのような仕事があるのか生活保護なのか。これからどうするのか気になったが、「でも生きていきます」と前向きな言葉が最後にあったので、それ以上の質問をするのはやめておいた。

＊＊＊

しばらくして女性編集者から「菅野舞さんから返信があったよ」と連絡がきた。菅野さんは第1章「人生にピリオドを打ちたい」に登場して、児童養護施設出身、カラダにたくさんのピアスを開けながら風俗やパパ活をして中堅私大に通う女子大生だ。

高部さん（女性編集者）ご無沙汰しております。

中村さんにもその節はお世話になりましたこと、感謝をお伝え頂けたら幸いです。

あのインタビューがあったからこそ、自分の中で変われた部分もあり、私はこの春、大学を無事に卒業いたします。今後はメディアの会社に入社し、私も編集者となります。

編集者として先輩の高部さんに、困ったことがあればご相談することや、もしかしたらどこかでお会いする機会があるかもしれませんね！

その時は是非どうぞよろしくお願い申し上げます。

菅野さんは今年の春からメディアの社員編集者になるようだ。彼女が取材や編集をしている姿は想像がつくし、きっと文章もうまいだろう。

誰かになにかを伝える編集者やライターは特別な経験をしているほうが有利になる。児童養護施設、自傷、共依存、売春などの過酷な経験もプラスに活かすことができる。いい仕事を選んだな、と思った。

＊＊＊

本書は東洋経済オンライン「貧困に喘ぐ女性の現実」の連載を書籍化したものだが、終わってみれば、貧困女性たちの発言以外は、ほぼすべてが書き下ろしという本になった。

この3年間一緒に取材し、本書にも登場する女性編集者こと、東洋経済オンライン編集部の高部知子さんは本当に素晴らしい編集者だ。最初に電話がきたときには、まさかこんなに貧困女性に寄り添って連載を展開するとは想像できなかった。たぶん、なにも計算はないだろうから天才タイプである。私はあとがきで編集者にお礼を言うことは基本的にしないタイプだが、今回だけはお礼を伝えておきたい。

そして、取材に協力してくださった女性たちにも感謝します。ありがとうございました。

一人でも多くの方がいまの苦しい状況から抜けだして、平穏な日々を暮らせることをいつも願っています。

２０１９年２月

中村淳彦

【著者紹介】
中村 淳彦（なかむら あつひこ）
大学時代から20年以上、AV女優や風俗、介護など、貧困という社会問題をフィールドワークに取材・執筆を続けているノンフィクションライター。自分の価値観を持ち込むことなく、彼女たちが直面している現実を可視化するために、親からの虐待、精神疾患、借金、自傷、人身売買など、さまざまな過酷な話に、ひたすら耳を傾け続けている。著書に『AV女優消滅』（幻冬舎）、『崩壊する介護現場』（ベストセラーズ）、『日本の風俗嬢』（新潮社）、『女子大生風俗嬢』（朝日新聞出版）など多数。代表作に『名前のない女たち』シリーズ（宝島社）があり、劇場映画化される。本書のもととなる東洋経済オンラインの連載「貧困に喘ぐ女性の現実」は1億2000万PVを超える人気を博している。

東京貧困女子。
彼女たちはなぜ躓いたのか

2019年4月18日　第1刷発行
2019年8月19日　第5刷発行

著　者――中村淳彦
発行者――駒橋憲一
発行所――東洋経済新報社
〒103-8345　東京都中央区日本橋本石町1-2-1
電話＝東洋経済コールセンター　03(5605)7021
https://toyokeizai.net/

装　丁…………井上新八
ＤＴＰ…………アイランドコレクション
印刷・製本……リーブルテック
編集協力………高部知子
編集担当………水野一誠

ISBN 978-4-492-26113-2